无人机操控技术

主　编　孙春洁　陈　伟　黄晓祥
副主编　黄　佳　胡开利　诸　军
参　编　蒋溪玮　周佳斌　苏再帮
　　　　彭晓美　陈晓丹

机械工业出版社

本书突出了职业教育教学中对实践应用能力的重视，采用项目-任务编写模式，精心设计了 6 个教学项目、18 个教学任务。每个任务均通过"任务情境""知识链接""任务实施""任务评价"等环节系统化展示学习内容和要求。

　　本书内容涵盖无人机的基础知识和安全规范，并设计了大量针对性的飞行训练内容，语言通俗易懂，辅以大量的图片和视频讲解，便于理解。

　　本书适合作为职业院校无人机应用技术专业的教学用书，也可供无人机领域爱好者学习参考。

　　为便于教学，本书配套有电子课件、习题及答案、视频等资源，选用本书作为教材的教师可登录机械工业出版社教育服务网（www.cmpedu.com）注册后免费下载，咨询电话：010-88379492。

图书在版编目（CIP）数据

无人机操控技术 / 孙春洁，陈伟，黄晓祥主编.
北京：机械工业出版社，2025.1（2025.9 重印）. -- ISBN 978-7-111-77784-7

　　Ⅰ．V279

中国国家版本馆 CIP 数据核字第 2025K4R034 号

机械工业出版社（北京市百万庄大街 22 号　邮政编码 100037）
策划编辑：赵文婕　　　　　　责任编辑：赵文婕
责任校对：潘　蕊　宋　安　封面设计：王　旭
责任印制：刘　媛
三河市宏达印刷有限公司印刷
2025 年 9 月第 1 版第 3 次印刷
184mm×260mm・9.5 印张・232 千字
标准书号：ISBN 978-7-111-77784-7
定价：42.00 元

电话服务　　　　　　　　　　网络服务
客服电话：010-88361066　　机 工 官 网：www.cmpbook.com
　　　　　010-88379833　　机 工 官 博：weibo.com/cmp1952
　　　　　010-68326294　　金 书 网：www.golden-book.com
封底无防伪标均为盗版　　机工教育服务网：www.cmpedu.com

前言

随着无人机技术的不断进步和应用领域的不断拓展，无人机在摄影摄像、农业、电力巡检、应急救援、军事等领域迅速发展。相应的无人机操控技术的工作岗位也在不断增加，包括影视航拍师、无人机操控师、航测工程师、农林防护植保人员等。本书旨在为无人机领域的从业者和爱好者提供一个全面且系统的学习平台，帮助读者掌握无人机操控技巧。

本书内容全面，注重理论与实践相结合。全书共 6 个项目，内容包括初识无人机、无人机安全规范、无人机模拟器技术、无人机模拟器飞行训练、无人机室内飞行训练和无人机外场飞行训练。每个项目包含多个任务，每个任务均设"任务情境""知识链接""任务实施""任务评价"等环节，系统介绍无人机操控技术相关知识。

本书项目一和项目二介绍了无人机的基本概念和安全规范，帮助读者掌握无人机操控技术的基础知识，提高安全意识；项目三和项目四详细介绍了模拟器的使用方法和训练要点，并为读者提供了模拟器训练方案；项目五和项目六结合室内和外场两种场景，分别设计了针对性的飞行训练，包括起飞与降落、航线飞行等，帮助读者逐步掌握无人机的飞行技巧和操控方法，提高应对各种情况的能力。

本书参编教师均为"浙江省陈伟名师网络工作室"的学科带头人和骨干成员，本书是"浙江省名师网络工作室"成果之一。本书还得到了无人机职业教育教学资源建设委员会、浙江省金华市第一中等职业学校微电影工作室、浙江省余姚市第四职业技术学校橙果创影工作室、宁波市航拍协会、飞先科技有限公司的全力支持，在此一并表示感谢。

本书由孙春洁、陈伟、黄晓祥任主编，黄佳、胡开利、诸军任副主编，蒋溪玮、周佳斌、苏再帮、彭晓美、陈晓丹参与编写。其中，项目一由孙春洁、胡开利编写，项目二由诸军、彭晓美编写，项目三由黄晓祥、陈伟编写，项目四由蒋溪玮、陈晓丹编写，项目五由苏再帮、黄佳编写，项目六由周佳斌、陈伟编写。全书由陈伟统稿。

由于编者水平有限，书中难免存在疏漏和不足之处，恳请广大读者批评指正。

编　者

二维码清单

名称	图形	名称	图形
模拟器的安装过程		无人机摇杆模式与遥控对频	
无人机模拟器起飞训练		无人机起降训练和升降训练	
无人机模拟器降落和悬停训练		无人机偏航控制训练	
无人机模拟器慢速水平360°航线和正方形绕桩航线飞行训练		无人机八面悬停飞行训练	
无人机模拟器结合航线的定点起降飞行训练		无人机对尾米字飞行训练	
无人机模拟器垂直方向航线的飞行训练		无人机水平8字飞行训练	
无人机模拟器8字航线飞行训练			

目录

初识无人机

作为新时代的宠儿,无人机拥有广泛的市场应用前景和巨大的增长潜力。随着技术的不断革新,民用无人机的适用性逐步深化,全球无人机市场得到了飞速发展。本项目将介绍无人机的基本概念、分类、发展历程、飞行原理及基本结构,以及无人机遥感技术相关知识,以帮助学生优化飞行策略,更好地掌握无人机的操作技巧。

任务一 无人机的基本概念与发展历程

任务情境

随着现代科技的进步,无人机技术在国内外得到了蓬勃发展,近年来逐渐从军事领域运用到民用和商用领域,如无人机航拍、无人机植保、无人机物流等。

小飞的动手操作能力很强,最近他迷上了无人机,想学习操控无人机的方法,而了解无人机的基本概念和发展历史能够帮助他更好地理解和掌握无人机的操控原理和技巧。

知识链接

一、无人机的基本概念

无人驾驶飞机简称无人机,是利用无线电遥控设备或自备的程序控制装置操纵的不载人飞行器。无人机上虽然没有驾驶舱,但装有自动驾驶仪、程序控制装置等设备,地面、舰艇或母机遥控站的人员可通过雷达等设备,对其进行跟踪、定位、遥控、遥测和数字传输。无人机可在无线电遥控下像普通飞机一样起飞或用助推火箭发射升空,也可由母机带到空中投放飞行。回收时,可用与普通飞机着陆过程一样的方式使无人机自动着陆,也可通过无线电遥控用降落伞或拦网回收。目前,无人机的应用领域涵盖了军用和民用两部分。在军用领域,无人机主要用于空中侦察、监视、电子干扰等;在民用领域,无人机主要用于航拍、植保、测绘等。

二、无人机的分类

随着无人机相关技术的不断进步,无人机的种类和应用领域也持续扩展,使其在尺寸、质量、航程、航时、飞行高度、飞行速度，任务等多方面都有较大差异。按飞行平台构型的不同，可将无人机分为固定翼无人机、无人直升机、旋翼无人机、无人飞艇、伞翼无人机、扑翼无人机等。

1. 固定翼无人机

固定翼无人机（图 1-1）是指由动力装置产生前进的推力或拉力，由机身的固定机翼与来流的空气发生相对运动产生升力，在大气层内飞行的重于空气的航空器。固定翼无人机是常见的一种固定翼航空器。

固定翼无人机主要应用于测绘、地质勘探、通信中继、环境监测、农林等领域。在农林领域，固定翼无人机具有载重能力强、飞行速度快、作业效率高等优点；在测绘领域固定翼无人机具有续航时间长、巡航面积大、飞行稳定性高，可设置航线自动飞行，也可设置回收点自动降落等优点。

固定翼无人机的操控要比多旋翼无人机更为复杂，因为它们需要一定的跑道长度进行起飞和降落，或是使用弹射或垂直起降技术。

图 1-1　固定翼无人机

2. 无人直升机

无人直升机是一种能够垂直起降、悬停并具有高度机动性的无人驾驶飞行器，它使用一个或两个旋翼来提供升力和控制飞行姿态。无人直升机能够垂直起飞和降落，不需要跑道，非常适合在有限的空间或复杂的地形中操作。无人直升机可以在一个固定点上悬停，非常适合执行监视、侦察和摄影等任务。无人直升机具有高度的机动性，能够完成快速和敏捷的飞行动作。无人直升机可以根据设计和大小携带不同的有效载荷，如摄像头、传感器或其他设备。无人直升机广泛应用于军事侦察、监视、通信中继、搜索与救援、农业喷洒、影视制作、环境监测等领域。无人直升机的飞行控制系统相对复杂，需要先进的传感器、导航系统和飞行控制算法来确保稳定和精确的飞行。无人直升机的续航时间和航程取决于其设计、电池技术或燃油效率，其续航时间通常在几十分钟到几个小时之间。

3. 旋翼无人机

旋翼无人机（图 1-2）是一种具有三个及以上旋翼轴的特殊无人驾驶航空器。其通过每个轴上的电动机，带动旋翼产生升力，改变不同旋翼轴之间的相对转速，可以改变单轴推进力的大小，从而控制飞行器的运行轨迹。

旋翼无人机体积小、重量轻、噪声小、隐蔽性好，适合多平台、多空间使用。旋翼无人机飞行高度低，具有很强的机动性，执行特种任务能力强。旋翼无人机的结构简单、易于实现灵活控制，并且生产成本较低，安全性好，拆卸方便，易于维护。

旋翼无人机可用于科研考察、军事侦察、物流配送、农业喷洒以及个人应用等。近年来微型旋翼无人机在民用和商业领域得到广泛的应用，以大疆无人机为代表的消费级无人摄影机在航拍摄影中发挥着重要作用。

图 1-2 旋翼无人机

4. 无人飞艇

无人飞艇（图 1-3）是一种轻于空气的航空器，它由发动机驱动，可以在空中对其进行操控。飞艇又称可操纵气球，是一种装有动力装置、安定面和操纵面的流线型气球，可自行控制飞行方向。现代飞艇在结构上可以分为软式飞艇、硬式飞艇和半硬式飞艇；在充气类型上可分为氢气飞艇、氦气飞艇和热气飞艇。现代无人飞艇主要由气囊、头部装置、尾部装置、吊舱、动力装置、起落架、尾翼和系留装置以及遥控装置等组成，并包含电气系统、操控系统、压力系统、燃油系

图 1-3 无人飞艇

统、仪表系统、照明系统、压舱系统和飞控系统。

无人飞艇能够垂直起降，不需要长距离的跑道，可依靠填充的氦气或其他气体驻空，能提供长达数天甚至数十天的驻空时长。无人飞艇通常具有较大的载重能力，可携带多种设备和传感器。既可以通过地面控制站对无人飞艇进行遥控，也可以通过编程实现无人飞艇的自主飞行。

无人飞艇主要用于空中巡逻、地理测绘、环境监测、中继通信、空中展示广告、航拍、应急通信等。

5. 伞翼无人机

伞翼无人机（图 1-4）是一种用柔性伞翼代替刚性机翼作为升力面的航空器。伞翼无人机通常由伞翼、结构舱体、发动机和螺旋桨、控制系统、起落架等组成。伞翼大部分为三角形，有的为长方形，可收叠存放，张开后利用迎面气流产生升力而使无人机升空。伞翼无人机具有结构简单、重量轻、起飞和着陆滑跑距离短等特点，伞翼无人机的飞行速度较慢，转弯半径小，操纵简单，空中停车后仍有一定的滑翔能力，适合低空作业。伞翼无人机多用于运输、通信、侦察、勘探和科学考察等。

6. 扑翼无人机

扑翼无人机（图 1-5）是利用仿生学原理（模仿鸟类或昆虫翅膀的扑动方式）实现垂直

起降、空中悬停、倒飞、侧飞等灵活飞行动作的一种飞行器。扑翼无人机通常由柔性或刚性的能源系统和控制系统组成。扑翼无人机的翼面与鸟类或昆虫翅膀类似，能够自主变幅、变形、变频，实现不同姿态下的高效运动。在飞行阻力和飞行功率消耗方面，相较于其他传统无人机，扑翼无人机在同样的速度下更加节能。扑翼无人机最大的优势是适应性强，能够在狭小或复杂的环境中飞行，并且飞行噪声小，适合完成隐蔽侦查任务。

目前，关于扑翼无人机的研究正在加紧进行，它发展潜力很大，可用于探测核生化污染、搜寻灾难幸存者等方面。

图 1-4　伞翼无人机

图 1-5　扑翼无人机

三、影响无人机选择的因素

在不同条件下选择什么类型的无人机一般需要考虑以下因素。

1. 根据无人机飞行环境特点进行选择

固定翼无人机需要无遮挡地域作为起飞场地，确保无人机在起飞过程中不会发生碰撞事故，因此要考虑地面的平整度、是否有障碍物和地形因素。如果起飞地点存在障碍物，那么无人机需要垂直起降，因此应该选择旋翼无人机，以满足起飞条件。飞行距离、海拔高度、飞行速度、气象条件等因素都要求固定翼无人机有符合空气动力学要求的特殊外形。

2. 根据无人机飞行载荷特点进行选择

无人机携带实用载荷重量是评定无人机性能的主要参数之一，它会直接影响无人机续航时间和飞行稳定性。无人机实用载荷重量一般不能超过总重量的20%。例如，用小型相机拍照，2kg左右的四旋翼无人机就能够胜任；如果用高清的大型单反相机拍照，比如佳能5D，则需要使用大于8kg的多旋翼无人机执行任务。

固定翼无人机的续航时间比旋翼无人机的续航时间更长，而且飞行速度更快。但是为了符合空气动力学要求，固定翼无人机的实际载荷体积和载荷重量均不能太大。多旋翼无人机主要用于需要空中悬停的飞行任务，其携带的实用载荷重量相比固定翼无人机大很多。

3. 根据无人机飞行保养特点进行选择

无人机起飞条件相对多样化，飞行环境复杂，机体和部件受阵风、灰尘和泥沙影响较大。因此，应根据实际环境选择适合的无人机，并且在每次飞行任务开始前和结束后对无人机的机体、传感器、电池等敏感部件进行保养与维护。

四、无人机的发展历程

1. 萌芽时期

1914年，在第一次世界大战期间，为加强国家军事竞争力量，英国的卡德尔和皮切尔两位将军提议研制一种无人驾驶空中炸弹，可以自行飞到目标上空爆炸，虽然实验最终以失败告终，但为无人机的诞生积累了宝贵的经验。

1917年，英国研制的世界上第一架无人驾驶飞机在英国皇家飞行训练学校进行试飞，因发动机突然失火而坠机。同年，美国发明了第一台自动陀螺稳定仪，研制出了配置自动陀螺仪稳定器的无人飞行器——"斯佩里空中鱼雷"，从此无人飞行器诞生。

1935年，"蜂后"无线电遥控全尺寸靶机问世。无人机的使用价值不断增加，主要被用于在各大战场执行侦察任务。但由于当时无人机动力较小，机载设备侦察精度不足，通信设备无法完成远距离通信，导致其主要用作靶机。

20世纪50年代后期，我国开始研发无人机。1966年12月，我国研制的第一架无人机"长空一号"首飞成功。

2. 发展时期

科技的不断发展和研发经验的积累，使得无人机技术日益成熟。20世纪90年代，无人机可与有人机协同作战，侦察和电子干扰标志着无人机在现代战争中担任新角色。各国也相继开展了无人机的研发，使无人机技术走上了真正的发展之路。

3. 蓬勃时期

随着力学、材料学、电子技术、自动控制和计算机科学等领域的科技进步，航空事业实现了巨大的飞跃。研发和设计从作为辅助作战装备转变为作为主要作战装备，各国也纷纷组建了专业的无人机部队。无人机技术呈现出系列化发展态势，出现了长航时无人机、无人战斗机和微型无人机等新型装备。

21世纪初由于传统的无人机体积较大，不便携带，促使了迷你无人机的研制。这些新机型不仅体积小巧，而且性能更加稳定。无人机技术的不断进步和智能化，催生了民用无人机的诞生。

2006年，深圳市大疆无人机技术有限公司的成立和Phantom系列无人机的推出，对全球民用无人机市场产生了深远影响，开启了消费级无人机市场的新篇章。接下来的几年，众多无人机企业如雨后春笋般涌现，无人机的研发水平也提升到了新高度。

2015年，是无人机飞速发展的一年。各大无人机运营商成功融资，为无人机技术的发展提供了有利条件，产品不断迭代升级。同时，无人机论坛和社区的涌现，为技术交流提供了平台，标志着无人机技术进入了蓬勃发展的新阶段。

4. 未来趋势

人工智能技术的不断成熟推动了无人机领域的跨越式发展。随着无人机市场的逐渐成熟，无人机在农林、测绘、物流运输、交通执法等多个领域的应用不断深化，其实用价值不断提升，应用场景也日趋多元化。无人机的研发、生产、制造和应用正加速繁荣，其潜在市场正在逐步被开发。为了确保无人机行业的安全及有序运行，各个国家和地区正在不断制定并完善相关的无人机政策。无人机行业正在积极健康地发展，持续创造更高的社会及经济效益，并在提升国家综合治理能力方面发挥着重要作用。

任务实施

随着科技的飞速发展，无人机在测绘领域的应用日益广泛。为适应不同的应用场景和任务需求，测绘无人机主要分为固定翼无人机和旋翼无人机两种类型。小飞通过在线研究发现这两种无人机各有优势和局限性，应根据不同的测绘环境选用不同的无人机。通过学习总结两种无人机的特点，完成表1-1的填写。

表 1-1　无人机在测绘领域的特点总结

	固定翼无人机	旋翼无人机
起降能力		
续航时间		
荷载能力		
飞行距离		
灵活度		
测绘范围		
测绘类型		

任务评价

了解无人机的基本概念是掌握其操作技巧和应用情况的基础。这个过程不仅包括了解无人机的系统组成，还涉及根据作业环境选择合适无人机类型的过程。

无人机的各组成部分根据其作业特点与使用环境，对性能有着不同的要求。为了更深入地学习无人机的组成结构与相关知识，我们可以利用多种资源，如教材、微课视频、无人机论坛和专业网站获取相关信息。利用收集的信息和资源，对照本任务的内容，完成表1-2的填写，并进行个人评价分析。

表 1-2　无人机的基本概念与发展历程任务评价

班级			姓名		
评价题项	素养指向	优秀（10分）	良好（6~9分）	一般（0~5分）	得分
查询信息	技能	熟悉无人机相关网站资源的获取与信息查询方式	能够通过百度等搜索网站查询信息	仅知道相关论坛	
获取资讯的途径	技能	熟练通过微博、公众号等途径高效搜索资讯	通过无人机论坛了解	仅从搜索网站了解	
了解参数及性能情况	知识	熟悉不同的无人机飞行平台构型及其优缺点	基本了解不同的无人机飞行平台构型的优缺点	仅了解不同的无人机飞行平台构型，但对其优缺点并不熟悉	
测评体验	感悟	能够很好地对无人机的概念与发展历程进行总结，能在论坛上发表观点并获得认可	总结出较多经验，但无法以文字形式表达出来	对无人机的概念不了解，没有形成知识脉络	

（续）

评价题项	素养指向	优秀（10分）	良好（6~9分）	一般（0~5分）	得分
机型对比	兴趣与工匠精神	在调研过程中对多种机型的组成进行对比、分析并总结特点	在对比、分析中情绪平淡，简要提出一些观点	跟随性地查看调研资料	
小组合作	合作	小组分工明确，交流充分，合作愉快	小组有分工，但分工不均	每个成员做自己的事，交流少	
自主学习	学习习惯	课前预习并观看无人机概念与发展历程的视频和微课，对无人机的发展历程有个人见解	观看无人机概念与发展历程的视频和微课，但无个人见解	在教师催促下观看视频和微课	
PPT/思维导图总结	知识	知识点总结内容丰富，观点明确	知识点总结图文结合，但缺少观点表达	知识点总结内容简单，仅有图片或少许文字	
学习心得					
教师评价					

任务二 无人机的飞行原理与基本结构

任务情境

无人机已经渗透到人们生活的许多方面，尤其是航拍领域，它为摄影师提供了全新的视角和无限的可能性。小飞对无人机航拍产生了浓厚的兴趣，并且梦想着成为一名无人机摄影师，用独特的视角捕捉大自然的壮丽景色和城市的繁华风貌。

为了实现这个梦想，小飞明白他需要深入了解无人机的飞行原理和基本结构。虽然无人机结构看似简单，但其拥有一个融合了多种学科知识的复杂系统。

知识链接

一、无人机系统

无人机系统（Unmanned Aircraft System，UAS）也称无人驾驶航空器系统（Remotely Piloted Aircraft System，RPAS），由无人机机体、地面控制站、飞控系统、数据链路系统、发射和回收系统、通信系统、有效载荷和导航系统、电源系统等组成。其中飞控系统、数据链路系统、发射和回收系统对无人机系统起到了关键作用。

1. 飞控系统

飞行管理与控制系统，简称飞控系统，相当于无人机系统的"心脏"，对无人机飞行的稳定性、数据传输的可靠性等都有重要影响。无人机的飞控系统决定了其飞行性能。

2. 数据链路系统

数据链路系统确保遥控指令能够被准确传输，同时保障无人机在接收和发送信息时的实时性和可靠性，以确保信息反馈能够及时有效地完成，从而顺利且准确地执行任务。

3. 发射和回收系统

发射和回收系统确保无人机能够顺利起飞并达到安全的高度，以安全的速度进行飞行，在任务执行完毕后它也能确保无人机安全地从空中返回并降落到地面。

二、无人机的组成

四旋翼无人机是无人机家族中的典型机型，本任务将以四旋翼无人机为例，介绍无人机的组成。四旋翼无人机的组成包括飞行器机架、飞行控制系统、动力系统、遥感通信系统、电气系统和辅助设备系统等部分。

1. 飞行器机架

飞行器机架（Flying Platform）如图 1-6 所示，其尺寸主要取决于桨翼的长度及电动机的体积。桨翼越长，电动机越大，机架的尺寸也会相应增加。通常采用轻质材料制造机架，以减轻无人机的载荷重量。

2. 飞行控制系统

飞行控制系统（Flight Control System）简称飞控系统，如图 1-7 所示，四旋翼无人机的飞控系统一般会内置传感器（包括陀螺仪、加速度计和气压计等），微处理器，执行器（包括电动机和舵机），无线通信模块，电池管理模块。飞控系统的主要功能包括姿态稳定、导航定位、遥控接收、自动飞行和故障保护。工作原理涉及数据采集、数据处理、指令执行和反馈调整。

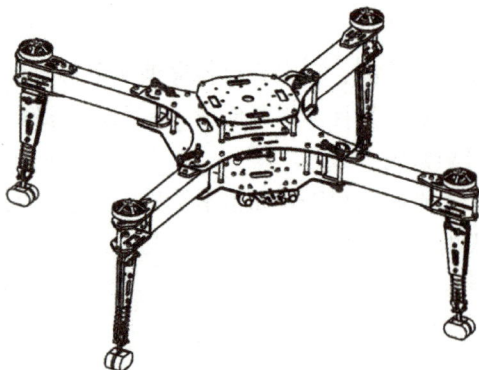

图 1-6　四旋翼无人机飞行器机架

图 1-7　四旋翼无人机飞行控制系统

3. 动力系统

无人机的动力系统如图 1-8 所示，主要由桨翼和电动机组成。桨翼在旋转时产生升力，这种升力可以带动无人机起飞和飞行。动力系统内设有电调控制器（Electronic Speed

Control，ESC），用于控制和调节电动机的转速，以实现对无人机飞行速度和高度的精确控制。

4. 遥感通信系统

遥感通信系统如图 1-9 所示，它是无人机与遥控器之间进行数据交换的桥梁，包括上行和下行的数据链路，遥感通信系统的主要作用是为无人机提供系统数据传输和通信载荷的无线电链路。目前无人机普遍采用的通信技术有 1.4GHz、2.4GHz、5.8GHz 等频段，其中 1.4GHz 频段主要用于数据传输，2.4GHz 频段主要用于图像传输，而 5.8GHz 频段因其信号传输更稳定、抗干扰性能更强而被青睐。为规范无人机行业的无线电频段使用，工信部已经制定了相关的无线电使用准则。

图 1-8 四旋翼无人机动力系统

图 1-9 四旋翼无人机遥感通信系统

5. 电气系统

无人机的电气系统如图 1-10 所示，主要包括机载电气系统和地面供电系统两部分。机载电气系统主要由主电源、应急电源、电气设备的控制与保护装置以及辅助设备组成，以确保无人机的电气系统能够稳定运行；地面供电系统的主要功能是为无人机的各用电系统或设备提供符合设计要求的电能，从而支持无人机电气系统的正常运作。

6. 辅助设备系统

无人机的辅助设备系统如图 1-11 所示，主要由无人机外挂平台（又称云台）、外挂轻型相机和无线图像传输系统组成。云台是摄像中用于稳定摄像机的支承设备，分为固定式和电动式两种类型。电动云台除了支持相机在水平和垂直两个方向的转动，还能实现绕 X、Y、Z 轴的旋转。每个轴都装有电动机，当无人机发生倾斜时，云台会根据陀螺仪的信号，给相应的电动机施加反向动力，以防止相机随无人机一起倾斜，从而有效避免相机抖动，对于稳定航拍画面起着至关重要的作用。

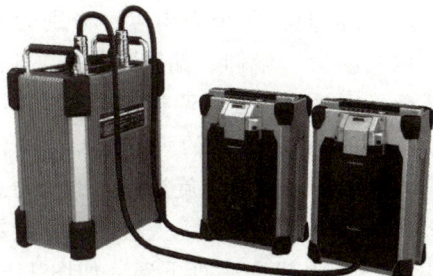

图 1-10 四旋翼无人机电气系统

图 1-11 四旋翼无人机辅助设备系统

目前，无人机搭载的航拍相机除了制造商预装在飞行器上的型号外，有部分无人机型号允许用户自行安装第三方相机，如 GoPro Hero 4 运动相机或佳能 EOS 5D 系列单反相机，以满足不同的拍摄需要。

三、无人机的飞行原理

1. 无人机飞行原理

无人机的动力系统主要由桨翼和电动机组成，其飞行的基本原理是电动机驱动螺旋桨旋转，从而产生升力。依据伯努利原理，螺旋桨在旋转过程中会在桨叶周围形成气压差，如图 1-12 所示，在因螺旋桨旋转而产生的气流中，空气流速快的地方压强小，空气流速慢的地方压强大，这种气压差异生成了向上的托举力，使无人机得以升空飞行。

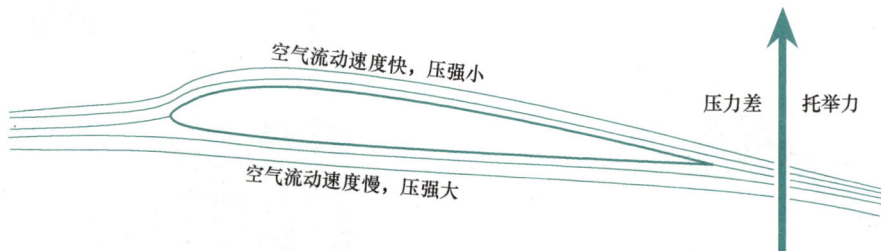

图 1-12　伯努利原理示意

多旋翼无人机通常配备偶数个旋翼，其中的螺旋桨分为正桨和反桨且数量各占一半。螺旋桨的正面通常较光滑，并标有螺旋桨的性能参数。当螺旋桨的正面朝前时，如果它沿逆时针方向旋转并产生拉力，则被定义为正桨；如果它沿顺时针方向旋转并产生拉力，则为反桨。这样设计既能确保无人机在稳定飞行时，各螺旋桨产生的反作用转矩能够互相抵消，也能通过改变螺旋桨的转速控制无人机的偏航运动。以四旋翼无人机为例，其控制系统通过机臂末端的电动机驱动螺旋桨旋转产生升力，从而实现对无人机的控制。通过调整每个电动机的转速，无人机能进行上升、下降、前进、后退、左转、右转等飞行动作。

2. 多旋翼无人机飞行模式

四旋翼无人机的飞行模式主要有两种，图 1-13a 所示为十字模式，图 1-13b 所示为 X 字模式。在多旋翼无人机的分类中，根据旋翼桨距的可控性，可将其分为两类：旋翼变距类和旋翼变速类。目前，绝大多数电动多旋翼无人机属于旋翼变速类。这意味着它们通过改变电动机的转速来调整螺旋桨的升力，而不是改变桨距来实现飞行控制。

3. 多旋翼无人机操控原理

要操控无人机，就要控制它的各种运动。多旋翼无人机拥有六个自由度，分别为上下（垂直移动），前后（水平移动）、左右（水平移动）以及横滚、俯仰、偏航（旋转）运动。通过精确控制这六种基本运动，可以实现无人机的复杂飞行轨迹和姿态调整。

（1）升降运动控制　通过调整四个旋翼的升力，可以控制无人机的垂直运动。当四个旋翼的升力同时增加或减小时，无人机会相应地垂直上升或下降；当四旋翼产生的升力总和恰好等于机体自重时，四旋翼无人机便处于平衡状态。具体来说，如果无人机的四个旋翼同时增加升力，无人机就会垂直上升；如果同时减小升力，无人机则垂直下降，如图 1-14 所示。这种控制方式是通过精细调节电动机的转速实现的。

图 1-13 四旋翼无人机的飞行模式

（2）偏航（旋转）运动控制 当无人机中一对沿顺时针方向旋转的旋翼与一对沿逆时针方向旋转的旋翼转速不同时，这种转速差异会产生不平衡的反转矩，导致无人机机体发生转动，从而实现方向（航向）的控制，也就是偏航运动的控制。如图 1-15 所示，在悬停状态下，如果同时增加 M1 和 M3 的升力，同时减小 M2 和 M4 的升力，无人机就会向右（从上往下看沿顺时针方向）偏航；反之则向左偏航。这种操作是通过调整各旋翼的转速来实现无人机的偏航运动控制。

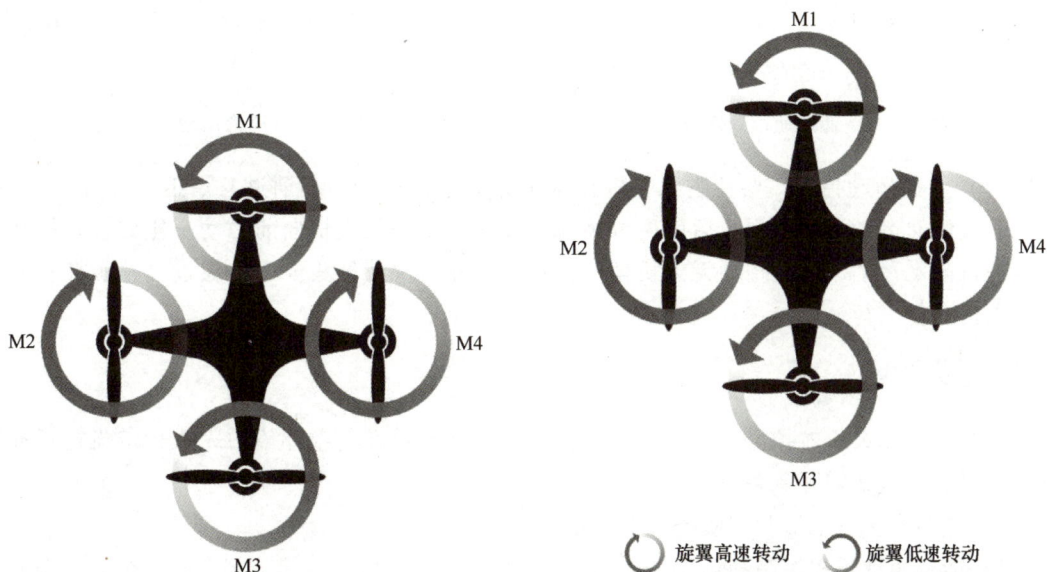

图 1-14 无人机升降运动控制示意

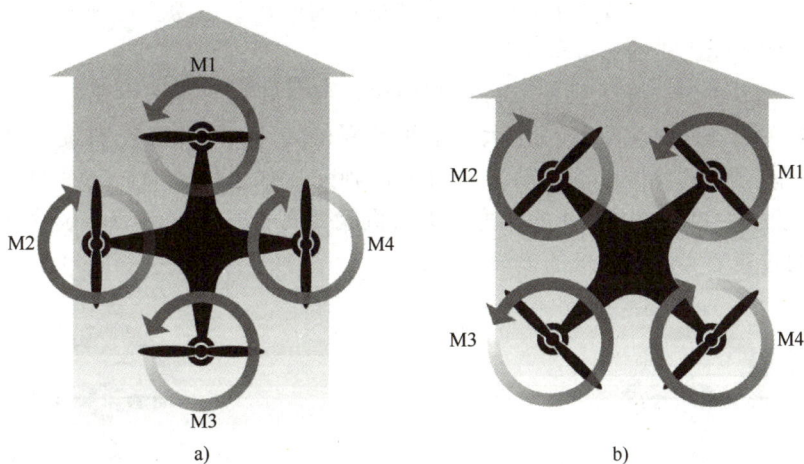

旋翼高速转动　　旋翼低速转动

图 1-15 偏航运动控制示意

（3）俯仰运动控制 在无人机的飞行中保持左右旋翼的转速不变，通过增加（或减少）前面旋翼的转速同时减少（或增加）后面旋翼的转速，可以在前后旋翼之间产生升力差。这种升力差会使机身做俯仰运动。如图 1-16 所示，如果保持 M2、M4 的升力不变，增大旋翼 M1 的升力同时减小旋翼 M3 的升力，无人机做向前的抬头运动。这种操作是通过精确调整旋翼转速来实现无人机的俯仰运动控制。

（4）横滚运动控制　在无机的飞行控制中保持前后旋翼的转速不变，通过增大（或减小）左面旋翼的转速同时减小（或增大）右面旋翼的转速，可以在左右旋翼之间产生升力差，这种升力差会使机身做横滚运动。如图 1-17 所示，如果保持 M1、M3 的升力不变，增大旋翼 M2 的升力，减小旋翼 M4 的升力，无人机就做向右的横滚运动。这种操作是通过调整相应旋翼的转速来实现无人机的横滚运动控制。

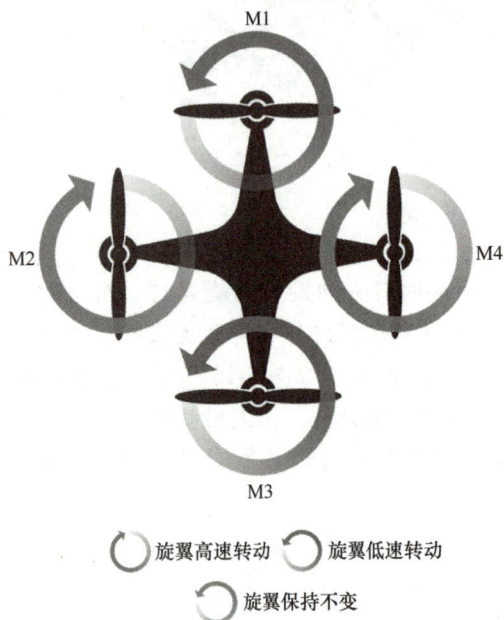

图 1-16　俯仰运动控制示意　　　　　图 1-17　横滚运动控制示意

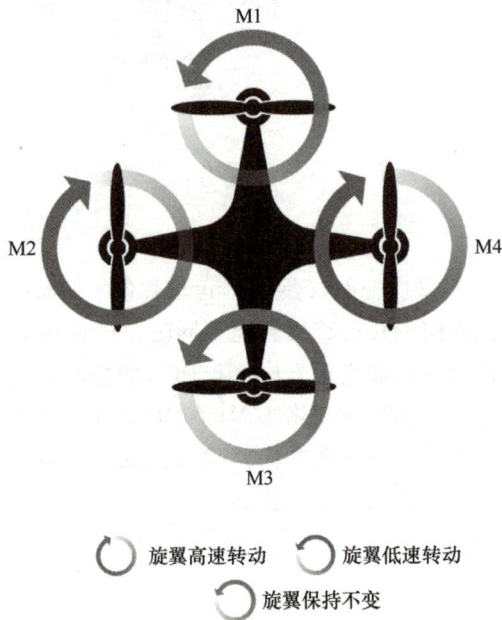

（5）水平运动控制　要控制无人机在水平方向进行移动，如前进、后退、左移、右移，需要通过俯仰运动，然后提高后面两个桨翼的转速，推动无人机向前平动。比如，要控制无人机进行前飞运动，首先控制无人机做低头运动，然后保持低头姿态，通过调整旋翼转速推动无人机向前飞行。

任务实施

作为一位无人机航拍爱好者，小飞希望拥有一架能够在复杂环境中完成特定飞行任务的无人机。该无人机需要具备以下特点：

1）能够在多种地形和气候条件下稳定飞行。

2）能够实现远程控制和自主飞行。

3）能够携带多种载荷并完成特定的飞行任务。

4）能够保证通信畅通，并及时传输任务数据。

大疆 Mavic3 无人机是目前市场上广受好评的消费级航拍无人机，它在影像质量、飞行性能以及智能控制等方面都有出色表现。请帮小飞对大疆 Mavic3 无人机进行深入的调研和分析，探讨其系统构成以及适用场景，并完成表 1-3 的填写。

表1-3 大疆 Mavic3 无人机调研分析

调研机型	大疆 Mavic 3		
飞行器机架	飞行器尺寸	_____ mm× _____ mm× _____ mm	
	能否折叠	□ 能 □ 不能	
	能否拆卸	□ 能 □ 不能	
	电池续航时间		
飞行控制系统	导航系统		
	感知系统类型		
遥感通信系统	卫星导航系统		
辅助设备系统	云台类型		
	相机参数		
	图传方案		
	实时图传质量		

任务评价

无人机的组成是理解和操作无人机的关键，不仅关系到无人机的系统组成，还涉及在不同环境下的适用性。

为了深入学习无人机的组成与相关知识点，我们可以通过多种渠道获取信息，包括微课视频、无人机论坛和专业网站。请利用收集的信息和资源，对照本任务的内容，完成表1-4的填写，并进行个人评价分析。

表1-4 无人机的飞行原理与基本结构任务评价

班级			姓名		
评价题项	素养指向	优秀(10分)	良好(6~9分)	一般(0~5分)	得分
查询信息	技能	熟悉无人机平台网站资源的获取与信息查询方式	能够通过百度等搜索网站查询	仅知道相关论坛	
获取资讯途径	技能	熟练通过微博、公众号等多种途径高效搜索资讯	通过无人机论坛了解	仅从搜索网站了解	
了解参数及性能情况	知识	熟悉无人机组成部分特点	了解无人机基本组成	仅了解无人机的概念，但对组成部分不够了解	
测评体验	感悟	能够很好地对无人机组成部分的参数和性能进行总结，能在论坛上发表观点并获得认可	总结出较多经验，但无法以文字形式表达出来	对产品没有较多体验，没有形成知识脉络	
机型对比	兴趣与工匠精神	在调研过程中对多种机型的组成进行对比分析并总结特点	在对比、分析中情绪平淡，简要提出一些观点	跟随性地查看产品说明书	

（续）

评价题项	素养指向	优秀(10分)	良好(5~9分)	一般(0~4分)	得分
小组合作	合作	小组分工明确,交流充分,合作愉快	小组有分工,但分工不均	每个成员做自己的事,交流少	
自主学习	学习习惯	课前预习并观看无人机组成的视频和微课,对无人机组成有个人见解	观看无人机组成的视频和微课,但无个人见解	在教师催促下观看视频和微课	
PPT/思维导图总结	知识	知识点总结内容丰富,观点明确	知识点总结图文结合,但缺少观点表达	知识点总结内容简单,仅有图片或少许文字	
学习心得					
教师评价					

任务三　无人机遥感技术基础

任务情境

小飞通过新闻了解到,在 2011 年的第三次全国文物普查中,我国共登记了 76.6 万处不可移动文物,其中古建筑和代表性建筑超过 40 万处。然而这其中保存状态较差的占到了17.77%,保存状况差的则占 8.43%。这意味着有相当数量的古建筑或代表性建筑已经处于十分危险的境地,因此古建筑的保护工作迫在眉睫。

无人机搭载的测绘与遥感技术可从空中获取古建筑的高清影像,这为古建筑的保护和修复提供了重要的科学依据。同时,无人机还能实时监测古建筑的状态,及时发现潜在危险。遥感技术的运用极大地加快了地理信息的获取和处理速度,为包括文物保护在内的多个行业提供了强有力的技术支持。

知识链接

一、遥感技术

遥感技术(Remote Sensing Tehnology,RST)起源于 20 世纪 60 年代,是一门集现代物理学、空间科学、电子计算机技术、数学方法和地球科学理论于一体的新兴综合性边缘学科,也是一种先进的实用探测技术。遥感技术以人造卫星、宇宙飞船、航天飞机、无人机等运载工具为载体,大大地拓宽了人类的观测视野和领域,构建了一套从高空对地球资源和环境进行探测的观测体系。

　　把遥感设备安装在高空气球、飞机等航空器上进行的遥感活动称为航空遥感。而安装在航天器上进行的遥感活动称为航天遥感。航空和航天遥感技术能从不同的高度和广度快速且多谱段地感知和获取信息，从而收集大量的数据。因此，航空和航天遥感技术在国民经济和军事领域，如气象观测、资源考察、地图测绘和军事侦察等方面都有着广泛应用，如图1-18所示。

图1-18　西安市某地区遥感影像

　　不同的物体，由于其种类和环境条件的差异，会反射和辐射出不同波长的电磁波。遥感探测所涉及的电磁波波段覆盖了从紫外线、可见光、红外线到微波的广泛光谱。当太阳光从宇宙空间经大气层照射到地球表面时，地面上的物体就会反射和吸收太阳光中的电磁波，如图1-19所示。由于每一种物体的物理和化学特性的不同，以及入射光波长的差异，因此它们对入射光的反射率也会有所不同。遥感技术正是基于这个原理，通过探测目标物体反射和发射的电磁波来获取信息，并通过目视解译处理技术识别远距离物体。

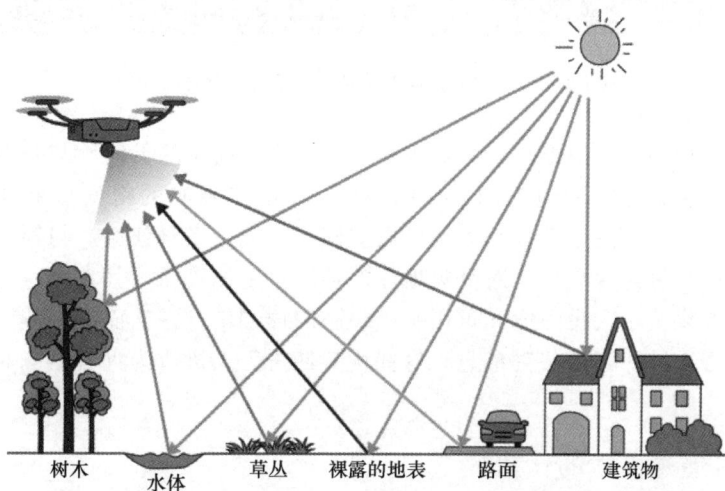

图1-19　遥感技术原理

二、无人机遥感技术

无人机遥感技术（Unmanned Aerial Vehicle Remote Sensing，UAVRS）作为航空遥感技术的一种，具有续航时间长、影像实时传输、可探测高危地区等显著优势，同时其成本较低、分辨率高且具有高度的机动性和灵活性。无人机遥感技术是对卫星遥感和有人机航空遥感的有效补充。

无人机利用搭载的高分辨 CCD 相机系统获取遥感影像，利用空中和地面控制系统实现影像的自动拍摄和获取。此外，无人机还能实现航迹的规划和监控、信息数据的压缩和自动传输，以及影像预处理等功能，可广泛应用于国家生态环境保护、矿产资源勘探、海洋环境监测、土地利用调查、水资源开发、农作物长势监测与估产、农业作业、自然灾害监测与评估、城市规划与市政管理、森林病虫害防护与监测、公共安全以及国防事业，同时也为构建数字地球提供了重要支持。图 1-20 所示为无人机遥感技术在农业植保领域的应用。

图 1-20　无人机遥感技术在农业植保领域的应用

无人机在天空检测网络中提供了中观视野，它们以其执飞的灵活性与获取数据的高清晰度，有效填补了卫星遥感在对地观测方面的空白，提高了观测的精度与维度。例如，在洪水、山体滑坡等自然灾害发生后，无人机可以立即执行空中飞行任务。与遥感卫星相比，无人机的成本更低、部署速度更快，对受灾地区的检测也更加灵活。其在低空巡航时获取的高分辨率图像，可提供关于灾害强度和可用基础设施的详细信息，从而准确测量灾害的严重程度，并识别出救援人员所需的关键信息。这些优势使得无人机成为灾害监测和评估中不可或缺的工具。

三、无人机遥感技术的优势

随着无人机技术和数码相机技术的不断发展，无人机遥感航测已经发展成为地理信息采集的重要手段。无人机遥感主要面向低空遥感领域，有效解决了卫星遥感和传统航空遥感在时效性、机动性、气象条件限制以及云下影像获取方面的不足，它具有作业成本低、工作效率高、测量精度高等特点，大幅提升了地形测绘的准确性和可靠性。

1. 快速反应

无人机航测通常在低空进行，它具有申请空域便利、受气候条件影响较小、对起降场地的要求较低等优点。只需要一段较为平整的路面，无人机就可以轻松实现起降。在获取航拍影像时，无须担心飞行员的安全问题，对获取数据时的地理空域和气象条件要求较低，这使得无人机能够到达一些人迹罕至或人工探测无法到达的区域进行有效监测。

2. 时效性

传统高分辨率卫星遥感数据通常会面临两个问题：一是存档数据时效性较差，二是虽然通过编程拍摄可以得到新的影像，但所需时间较长，且时效性也不高。无人机航拍技术的出现恰好解决了这些问题。工作组可以快速响应，随时出发并进行拍摄工作，及时为用户提供所需成果。

3. 监控区域受限制小

我国幅员辽阔，地形多样，气候复杂，很多地区常年受积雪和云层等因素影响，这些因素限制了卫星遥感数据的采集。此外，对于传统的大型飞机航空测绘，国家有严格的规定和限制，比如飞行高度必须超过 5000m，这样就不可避免地存在云层的影响，进而对成图质量造成一定的影响。而无人机航拍技术有效地解决了这些问题，提供了更为灵活的高质量的测绘解决方案。

4. 地表数据快速获取和建模能力

无人机系统搭载的数码相机和数字彩色航拍相机等设备可快速捕捉地表信息，获取高分辨率数字影像和高精度定位数据。这些数据可以用来生成数字高程模型（DEM）、三维正射影像图、三维景观模型和三维地表模型等二维和三维可视化数据，为各种环境下应用系统的开发和应用提供便利。

四、无人机遥感技术的应用

无人机遥感技术作为继传统航空和航天遥感之后的第三代遥感技术，可快速获取地理、资源和环境等空间遥感信息，实现遥感数据的采集、处理和应用分析，这项技术在未来的各行各业中具有极大的应用潜力。

1. 地震灾害监测

无人机遥感技术可以为地震灾害监测提供技术支持。通过搭载的传感器，无人机能够采集地震灾区的位置、范围、地震烈度分布、建筑物和构筑物破坏概况以及急需抢修的工程设施等，便于震后灾情速报，为应急救援提供决策依据，并便于评估地震造成的损失，为灾后重建做好准备。

2. 气象监测

无人机搭载遥感设备可以对温度、湿度、压强等气象参数进行精确测量，实时动态监测低温的发生强度和低温冷害的分布范围。如果预测到雨雪、冰冻等灾害，无人机监测的数据可让相关部门及时采取有效的救灾措施。

3. 测绘建模

无人机遥感技术在测绘建模方面表现出快速、高效的特点。无人机携带高清航拍相机等设备可快速获取地表信息，获取超高分辨率数字影像和高精度的定位数据，生成DEM、三维正射影像图、三维景观模型和三维地表模型等可视化数据。

4. 生态环境监测

无人机遥感技术在生态环境监测中发挥着重要作用，包括森林灾害监测、森林资源调查和生态环境评估等。相关服务团队可以通过无人机搭载的数码相机、红外摄影机、红外扫描仪、微波辐射计等设备获取遥感影像，并通过数据拼接与处理实现宏观环境监测或大范围的土地利用、植被覆盖等监测。

5. 水域监测

无人机遥感技术能够从宏观上观测水质状况，采集高分辨率的实景图像数据进行监测，为水域资源面积、水域地理信息的获取以及水域巡检提供了重要支持。这有助于实时追踪和监测水域环境污染事件的发展。

任务实施

长城作为世界文化遗产，具有极高的历史和文化价值。为了更好地保护这一珍贵的遗产，需要进行高精度的航测建模，以获取更精确的数据和模型。小飞计划对嘉峪关楼进行高精度的航测建模，以获取准确的数字模型和数据。

在开始作业之前，小飞需要根据测绘环境、场地、天气等因素，制订一个简单而有效的航测方案。这包括选择合适的无人机平台、规划飞行路线、确定影像拍摄的分辨率和频率、思考数据采集后的处理流程，并完成表1-5的填写。

表1-5 无人机测绘作业

作业任务		嘉峪关楼高精度航测建模	
航测方案			
无人机平台			
飞行高度			
拍摄分辨率			
飞行路线			
天气条件			
数据处理			
安全措施			
时间安排			
环境特点分析			
航测时间分析			
航测无人机特点分析		固定翼无人机	旋翼无人机
	优势		
	不足		
航测无人机选择		☐ 固定翼无人机	☐ 旋翼无人机

任务评价

　　遥感技术为操控无人机提供了重要的数据支持。根据无人机航测和遥感任务的特点以及环境的不同，对技术运用和无人机性能提出了特定要求。为了更好地理解无人机遥感技术，我们可以通过多种渠道获取信息，包括教材、微课视频、无人机论坛和专业网站等。请利用收集的信息和资源，对照本任务的内容，完成表1-6的填写，并进行个人评价分析。

表1-6 无人机遥感技术基础评价

班级				姓名	
评价题项	素养指向	优秀（10分）	良好（6~9分）	一般（0~5分）	得分
查询信息	技能	熟悉无人机相关网站资源的获取与信息查询方式	能够通过百度等搜索网站查询	仅知道相关论坛	
获取资讯途径	技能	熟练通过微博、公众号等途径高效搜索资讯	通过无人机论坛了解	仅从搜索网站了解	
了解参数及性能情况	知识	熟悉无人机遥感技术特点	了解无人机遥感技术	仅知晓遥感技术	
测评体验	感悟	能够很好地对不同类型的无人机遥感技术进行总结，能在论坛上发表观点并获得认可	总结出一些特点，但无法以文字形式表达出来	对遥感技术没有较多体验，没有形成知识脉络	
机型对比	兴趣与工匠精神	在调研过程中对多种机型的组成进行对比分析并总结特点	在对比、分析中情绪平淡，简要提出一些观点	跟随性地查看产品说明书	
小组合作	合作	小组分工明确，交流充分，合作愉快	小组有分工，但分工不均	每个成员做自己的事，交流少	
自主学习	学习习惯	课前预习并观看无人机遥感技术的视频和微课，对无人机遥感技术有个人见解	观看无人机遥感技术的视频和微课，但无个人见解	在教师催促下观看视频和微课	
PPT/思维导图总结	知识	知识点总结内容丰富，观点明确	知识点总结图文结合，但缺少观点表达	知识点总结内容简单，仅有图片或少许文字	
学习心得					
教师评价					

项目小结

本项目涵盖了无人机的基础知识、飞行原理和遥感技术等内容。任务一重点介绍了无人机的分类与发展历程；任务二探讨无人机的基本结构和飞行原理；任务三深入讲解了无人机遥感技术的优势和特点。通过系统学习三个任务内容，学生可以逐步深入了解无人机的相关知识，建立扎实的理论基础，为后续项目的学习和实践夯实基础。

项目练习

一、单项选择题

1. 无人机的应用领域非常广泛，最初主要应用于（　　）领域。

A. 军事　　　　　　B. 民用　　　　　　C. 商业　　　　　　D. 娱乐

2. 下列选项中，不属于旋翼无人机特点的是（　　）。

A. 体积小，重量轻　　　　　　　　B. 噪声大，隐蔽性差

C. 飞行高度低，机动性强　　　　　　D. 结构简单，控制灵活

3. 在进行大面积地理测绘时（　　）是一个很好的选择，能够有效解决传统土地测绘工作面临的一系列问题。

A. 固定翼无人机　　B. 扑翼无人机　　C. 多旋翼无人机　　D. 无人飞艇

4. 以下关于旋翼无人机的描述，说法错误的是（　　）。

A. 通过改变不同旋翼之间的相对转速，可以控制飞行器的运行轨迹

B. 旋翼无人机结构简单，控制灵活，成本低，易于维护

C. 旋翼无人机适合多平台、多空间使用

D. 旋翼无人机飞行高度高，机动性差，执行特种任务能力弱

5. 下列选项中的（　　）不属于无人机飞控系统的组成部分。

A. 控制器　　　　　B. 陀螺仪　　　　　C. 气压计　　　　　D. 遥控器

6. 不同类型的无人机具有不同的飞行平台构型和性能特点，下列选项中不属于按飞行平台构型分类的是（　　）。

A. 固定翼无人机　　B. 旋翼无人机　　C. 扑翼无人机　　D. 特种无人机

7. 多旋翼无人机的旋翼旋转方向一般为（　　）。

A. 俯视顺时针旋翼　　　　　　　　B. 俯视逆时针旋翼

C. 两两对应　　　　　　　　　　　D. 不确定

8. 俯视四旋翼无人机沿逆时针方向旋转时，下列关于各个螺旋桨的变化情况描述中正确的是（　　）。

A. 沿顺时针方向的两个桨减速，沿逆时针方向的两个桨加速

B. 沿顺时针方向的两个桨加速，沿逆时针方向的两个桨减速

C. 沿顺时针方向的两个桨加速，沿逆时针方向的两个桨加速

D. 沿顺时针方向的两个桨减速，沿逆时针方向的两个桨减速

9. 多旋翼无人机前飞的操作与普通飞行器类似，在前飞中会产生（　　）变化。

A. 偏航角　　　　　B. 横滚角　　　　　C. 俯仰角　　　　　D. 组合

10. 下列选项中,属于多旋翼无人机用途的有 (　　　)。

① 应急救灾;②军用侦察;③警用监视;④娱乐;⑤广电行业

A.①④⑤ 　　　　　 B.②③④ 　　　　　 C.①②③④ 　　　　　 D.①②③④⑤

二、填空题 (要能在教材上找到的)

1. 无人驾驶飞机简称无人机,是利用_____设备或自备的_____装置操纵的不载人飞行器。

2. 按飞行平台构型的不同,可将无人机分为_____、_____、_____、_____、_____等。

3. 1966 年,我国研制的第一架无人机是_____。

4. 无人机系统由_____、_____、_____、_____、_____等。

5. 多旋翼无人机拥有六个自由度,分别为_____、_____、_____、_____、_____、_____。

三、判断题

1. 回收无人机时,可用与普通飞机着陆过程一样的方式自动着陆,也可通过遥控用降落伞或拦网回收。(　　　)

2. 根据伯努利定理,空气流速快,压强大;流速慢,压强小,从而产生托举力。(　　　)

3. 无人机在飞行过程中不能稳定机体,主要是动力系统出现问题。(　　　)

4. 无人机遥感相比较于卫星遥感和普通航空遥感,具有时效性高、机动性强、作业成本低、工作效率高、测量精度高等特点。(　　　)

5. 多旋翼无人机通过改变不同旋翼之间的相对转速,进而改变单轴推进力的大小,从而控制飞行器的运行轨迹。(　　　)

四、简答题 (含操作题)

1. 简述固定翼无人机和旋翼式无人机的特点。

2. 多旋翼无人机主要由哪几部分组成?

3. 想要多旋翼无人机做横滚运动,需要旋翼转速如何变化?

无人机安全规范

项目介绍

随着无人机技术的持续进步和广泛应用，其在各个领域发挥着越来越重要的作用。无人机不仅带来了操作上的便利和效益上的优势，也引发了一系列安全方面的考量。为了确保无人机的安全运行，同时维护公共安全和利益，国家制定了相关的法律法规和操作规范。本项目旨在深入探讨无人机的安全操作规范，以帮助无人机操控人员能够熟悉无人机相关的安全飞行法规、操作规范及应急处理措施，从而规范无人机的飞行活动，预防和减少安全事故的发生。

任务一 无人机安全飞行法规

任务情境

无人机航拍以其独特的视角和广阔的视野赢得了人们的青睐，越来越多的摄影爱好者加入到了无人机航拍的行列。然而，由于无人机的操作特性和运行方式，近年来无人机引发的隐私侵犯、人身伤害和财产损失等安全事件频发，无人机的监管问题成了亟待解决难题。

针对日益增多的因无人机飞行引发的纠纷和安全问题，你觉得应该从哪些方面规范无人机飞行？

知识链接

我国的无人机飞行法规主要包括《民用无人驾驶航空器系统空中交通管理办法》《轻小无人机运行规定（试行）》《民用无人机驾驶员管理规定》《通用航空飞行管理条例》等。这些法规涵盖了无人机的注册、评估管理、空域、驾驶员资质和安全责任等方面，以确保无人机的飞行活动既合理又合法，以避免"黑飞"现象的发生。

1. 注册

根据中国民用航空局航空器适航审定司于 2017 年 5 月 16 日下发的《民用无人驾驶航空器实名制登记管理规定》，自 2017 年 6 月 1 日起，所有最大起飞重量为 250g 以上（含

250g）的民用无人机都需要进行实名登记。这项规定的目的是加强对民用无人机的管理，确保飞行安全和公共安全。

对于在 2017 年 6 月 1 日前已经购买的民用无人机，它们的拥有者必须在 2017 年 8 月 31 日前完成实名登记。如果拥有者未能在规定时间内完成实名登记和粘贴登记标志，其行为将被视为违反法规的行为，无人机的使用将受到影响，监管主管部门将按照相关规定进行处罚。

民用无人机的登记流程包括制造商和拥有者在"无人机实名登记系统"中申请账户，填报产品信息，拥有者实名登记其拥有产品的信息，并将系统给定的登记标志粘贴在无人机上。登记信息包括拥有者的姓名、有效证件号码、移动电话、电子邮箱、产品型号、产品序号和使用目的等。

此外，根据 2024 年 1 月 1 日起正式实施的《无人驾驶航空器飞行管理暂行条例》，未经实名登记实施飞行活动的无人机，由公安机关责令改正，可以处 200 元以下的罚款；情节严重的，处 2000 元以上 2 万元以下的罚款。

2. 评估管理

根据中国民用航空局空管行业管理办公室 2016 年 9 月发布的《民用无人驾驶航空器系统空中交通管理办法》第五条规定，除了满足特定条件的飞行活动，其他在民用航空使用空域范围内开展的民用无人驾驶航空器系统飞行活动都需要通过地区管理局的评审。这些特定条件包括但不限于：

1）机场净空保护区以外。

2）民用无人驾驶航空器最大起飞重量小于或等于 7kg。

3）在视距内飞行，且天气条件不影响持续可见无人驾驶航空器。

4）在昼间飞行。

5）飞行速度不大于 120km/h。

6）民用无人驾驶航空器符合适航管理相关要求。

7）驾驶员符合相关资质要求。

8）在进行飞行前驾驶员完成对民用无人驾驶航空器系统的检查。

9）不得对飞行活动以外的其他方面造成影响，包括地面人员、设施、环境安全和社会治安等。

10）运营人应确保其飞行活动持续符合以上条件。

评审步骤包括运营人员向空管单位提出使用空域申请，空管单位对空域内的运行安全进行评估并形成评估报告，地区管理局对评估报告进行审查或评审，然后给出结论。评估内容至少包括：民用无人驾驶航空器系统基本情况、飞行性能、感知与避让能力、活动计划、适航证件（特殊适航证、标准适航证和特许飞行证等）、驾驶员基本信息和执照情况、民用无人驾驶航空器系统故障时的紧急程序等。

3. 设定隔离空域

根据中国民用航空局空管行业管理办公室 2016 年 9 月发布的《民用无人驾驶航空器系统空中交通管理办法》第四条明确指出，民用无人驾驶航空器仅允许在隔离空域内飞行。隔空区域是指专门分配给无人驾驶航空器系统运行的空域，通过限制其他航空器的进入，以规避碰撞风险。同样，在《民用无人驾驶航空器系统空中交通管理办法》第十条进一步规定了隔离空域的规划要求，包括明确水平范围、垂直范围和使用时段。此外，还指出在飞行密集区、人口稠密区、重点地区、繁忙机场周边空域，原则上不划设民用无人驾驶航空器飞行空域。

这些规定的目的是确保民用无人驾驶航空器的飞行安全，同时减少对有人驾驶航空器和地面设施的潜在威胁。

4. 训练无人机驾驶员

2016 年 7 月 11 日，中国民用航空局飞行标准司下发了《民用无人机驾驶员管理规定》，对无人机驾驶员实施了分类管理，规定有些情况下无须持有驾驶执照，有些情况下必须持有驾驶执照。图 2-1 所示为无人机驾驶员执照。

表 2-1 列出了《民用无人机驾驶员管理规定》适用的无人机等级分类。

《民用无人机驾驶员管理规定》中无人机驾驶员在下列情况下可以自行负责，无须证照管理：

1）在室内运行的无人机。

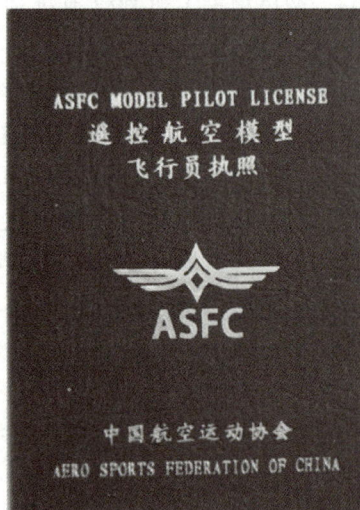

图 2-1　无人机驾驶员执照

表 2-1　无人机等级分类

分类等级	空机重量/kg	起飞全重/kg
Ⅰ	$0<W\leqslant0.25$	
Ⅱ	$0.25<W\leqslant4$	$1.5<W\leqslant7$
Ⅲ	$4<W\leqslant15$	$7<W\leqslant25$
Ⅳ	$15<W\leqslant116$	$25<W\leqslant150$
Ⅴ	植保类无人机	
Ⅵ	无人飞艇	
Ⅶ	超视距运行的Ⅰ、Ⅱ类无人机	
Ⅺ	$116<W\leqslant5700$	$150<W\leqslant5700$
Ⅻ	$W>5700$	

注：1. 实际运行中，Ⅰ、Ⅱ、Ⅲ、Ⅳ、Ⅺ类分类有交叉时，按照较高要求的一类分类。

2. 对于串、并行运行或编队运行的无人机，按照总重量分类。

3. 地方政府（例如当地公安部门）对于Ⅰ、Ⅱ类无人机重量界限低于本表规定的，以地方政府的具体要求为准。

2）Ⅰ、Ⅱ类无人机（如运行需要，驾驶员可在无人机云系统进行备案。备案内容应包括驾驶员真实身份信息、所使用的无人机型号，并通过在线法规测试）。

3）在人烟稀少、空旷的非人口稠密区进行试验的无人机。

《民用无人机驾驶员管理规定》中无人机驾驶员在下列情况下由行业协会实施管理，局方飞行标准部门可以实施监督：

1）在隔离空域内运行的除Ⅰ、Ⅱ类以外的无人机。

2）在融合空域（指无人机与有其他有人驾驶航空器同时运行的空域）内运行的Ⅲ、Ⅳ、Ⅴ、Ⅵ、Ⅶ类无人机。

在融合空域运行的Ⅺ、Ⅻ类无人机，其驾驶员由局方实施管理。

5. 规范安全责任

无人机的普及也带来了一系列法律方面的挑战，尤其在侵权责任和个人隐私保护方面。在侵权责任方面，《中华人民共和国侵权责任法》规定，民用航空器造成他人损害的，民用航空器的经营者应当承担侵权责任。但如果能够证明损害是因受害人故意造成的，则不承担责任。这意味着无人机的侵权责任通常是严格责任，即高度危险责任，一旦发生损害，无人机驾驶员或所有者一般需要承担赔偿责任，且只有在"受害人故意"的一种情况下才能够免责，这无疑对无人机的安全适航责任提出了非常高的要求。

在个人隐私保护方面，无人机的飞行可能会侵犯个人隐私或商业秘密。无人机在执行飞行任务时，可能会无意中捕捉到敏感信息，如个人住宅的内部情况、商业设施的内部布局等。因此，无人机驾驶员和所有者需要确保他们的操作不会侵犯到他人的隐私权。在进行无人机拍摄前，应进行适当的调查工作，避免拍摄到敏感内容。如果不可避免地拍摄到了这些内容，应在后期编辑时进行适当的处理，如对人脸、门牌、车牌等进行模糊处理，以保护个人隐私。

此外，无人机的飞行活动还受到《无人驾驶航空器飞行管理暂行条例》的规范，该条例自2024年1月1日起施行，旨在规范无人驾驶航空器的飞行及有关活动，维护航空安全、公共安全和国家安全。

综上所述，无人机驾驶员和所有者在进行飞行活动时，必须严格遵守中国的法律法规，以确保不对他人造成损害，并保护个人隐私。

🛰 任务实施 ▶

案例分析一

自小天爸爸将一台无人机作为生日礼物送给小天，小天就经常在小区里使用无人机。最近，邻居李女士就无人机一事与小天爸爸起了争执，原因是李女士担心隐私被泄露。而小天爸爸却认为，小天只是操控无人机飞行并没有进行拍摄，更没有侵犯李女士的隐私，因此对李女士反对小天在小区内使用无人机感到不理解……双方争执不下。作为一名无人机航拍爱好者，你认为小天的行为是否违反无人机飞行法规？

思考：要合理合法使用无人机，需要符合哪些要求？

请根据我国无人机飞行法规，对本案例进行分析和讨论。

结论：

本案例中所涉及的无人机属于Ⅰ、Ⅱ类无人机，在人员密集的生活小区飞无人机，可能对飞行活动以外的其他方面造成影响，包括地面人员、设施、环境安全和社会治安，违反了《民用无人驾驶航空器系统空中交通管理办法》第四条中对"无人机系统驾驶员实施分类管理"的规定。小天在生活小区飞无人机的行为，极易对小区居民的个人隐私造成侵犯，所幸没有造成恶劣后果。

案例分析二

某市公安局特警支队无人机具反制大队民警正沿机场附近的北滨大道展开日常例行净空巡查，当巡逻至北滨大道二段附近一闲置空地区域时，民警发现空中有闪烁的亮光，经仔细侦查，发现该区域上空近90m高度有一无人机悬停。经核实飞行备案情况发现该无人机飞手未取得飞行许可。该无人机是否违反无人机飞行法规？

思考：在室外任何空旷区域都能放飞无人机吗？

请根据我国无人机飞行法规，对本案例进行分析和讨论。

结论：

民用机场沿跑道中心线两侧各10km、跑道端外20km范围内属机场净空保护区域，操控无人机飞行将会对民航安全构成严重威胁。本案例中的无人机在机场净空保护区域内无飞行执照、未经申报许可违规飞行，违反《民用无人驾驶航空器系统空中交通管理办法》第二条中对航路航线、进近（终端）和机场管制地带等民用航空使用空域范围或对以上空域内运行存在影响的民用无人驾驶航空器系统活动的空中管理工作规定，属于扰乱公共秩序的行为。

课堂活动

请搜集违反无人机安全飞行法规的案例，并在课堂上与同学们进行交流，以加深对无人机安全飞行法规的理解。

任务评价

为了更好地学习和掌握无人机安全飞行法规，确保无人机操作的安全性，我们可以利用多种资源，如微课视频、无人机论坛和专业网站获取相关信息。利用收集的信息和资源，对照本任务的内容，完成表2-2的填写，并进行个人评价分析。

表2-2　无人机安全飞行法规任务评价

班级			姓名		
评价题项	素养指向	优秀(10分)	良好(6~9分)	一般(0~5分)	得分
查询信息	技能	熟悉无人机相关网站资源的获取与信息查询方式	能够通过百度等搜索网站查询	仅知道相关论坛	
获取资讯途径	技能	熟练通过微博、公众号等途径高效搜索资讯	通过无人机论坛了解	仅从搜索网站了解	
掌握无人机安全飞行法规内容	知识	掌握全部无人机安全飞行法规内容	掌握主要的无人机安全飞行法规内容	仅了解部分的无人机安全飞行法规内容	
了解无人机合法飞行的条件	知识	熟悉无人机合法飞行的条件	了解主要的无人机合法飞行的条件	仅了解个别无人机合法飞行的条件	
会应用无人机法规进行案例分析	知识	熟悉无人机安全飞行法规并能正确分析案例	了解无人机安全飞行法规并能分析部分案例	仅了解部分无人机安全飞行法规	
小组合作	合作	小组分工明确,交流充分,合作愉快	小组有分工,但分工不均	每个成员做自己的事,交流少	

（续）

评价题项	素养指向	优秀(10分)	良好(6~9分)	一般(0~5分)	得分
自主学习	学习习惯	课前预习并观看无人机安全法规的视频和微课,对无人机安全法规有全面了解	课前预习并观看无人机安全法规的视频和微课,对无人机安全法规有简单了解	在教师催促下观看视频和微课	
PPT/思维导图总结	知识	知识点总结内容丰富,观点明确	知识点总结图文结合,但缺少观点表达	知识点总结内容简单,仅有图片或少许文字	
学习心得					
教师评价					

任务二　无人机的操作规范

💡 任务情境

第 19 届亚运会于 2023 年在风景如画的杭州举行,吸引了众多国内外游客。小飞也是其中之一,他带着自己心爱的无人机尽情地在亚运会的天空中飞翔,用航拍记录下许多美丽又激动人心的运动瞬间,并分享给朋友们一起感受亚运会的热烈氛围,一起交流飞行过程中遇到的各类问题。一位同样热爱无人机航拍的朋友告诉小飞,新的轻小无人机运行规定即将实施了。这提醒了小飞,无人机飞行虽然乐趣无穷,但也存在一定的安全隐患。为确保飞行的安全与稳定,学习和遵守无人机的操作规范和注意事项是非常必要的,也是每个专业飞手必须掌握的重要技能。

📖 知识链接

1. 无人机行业现状

（1）我国无人机行业发展现状　近年来,随着技术的进步和应用场景的拓展,我国民用无人机市场需求规模快速增长,市场占比已超过军用无人机,达 70% 左右。这一趋势反映了民用无人机在各行业中被广泛应用,如农业植保、电子巡检、地理测绘等。预计未来无人机行业市场结构将继续发生变化,民用无人机市场将保持扩大的态势。

我国无人机技术起步较晚,最初主要应用于军用领域。但近年来,随着民用需求的增长,无人机在民用市场的应用规模得到较大的释放。目前,我国无人机行业的发展,特别是民用无人机领域，已经处于世界领先地位。我国无人机市场规模也呈现出快速增长态势，从 2013 年的 41 亿元增长到了 2021 年的 460.8 亿元，如图 2-2 所示。

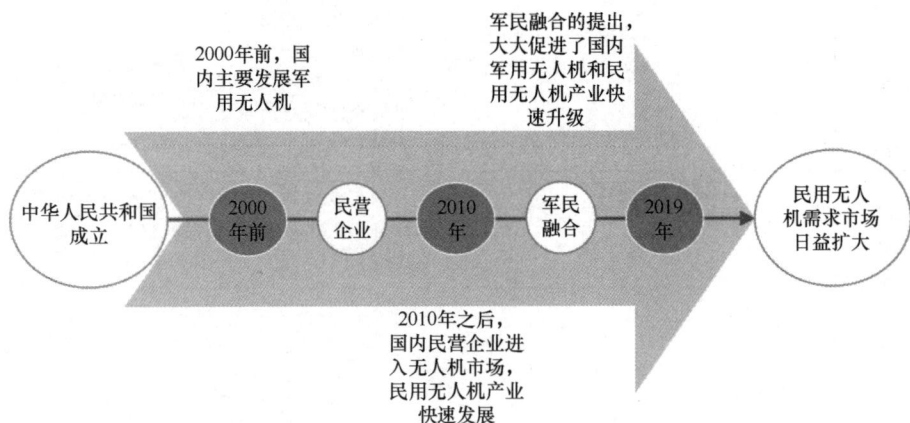

图 2-2 我国无人机的发展历程

目前，我国已具备从低端到高端无人机的自主研发能力，基本建立了包括设计、制造、销售和服务在内的完整产业链。无人机机的种类已经非常齐全、功能覆盖广泛，形成了一套较为完善的系列。同时，无人机的性能指标也在持续改善和提升，部分技术已达到国际先进水平，整个行业正蓬勃发展。特别是在 2010 年后，随着国内军民融合产业的快速发展，无人机产业也得到了快速升级，我国已经成为全球无人机产业的重要生产基地。

（2）无人机产业链 无人机产业链如图 2-3 所示，除了包括传统的生产和制造环节外，还扩展到了用户使用过程中的社交、保险等服务领域，以及基于应用场景的专业服务，如数据采集、航拍服务等。随着科技的发展，无人机除应用于军事领域，在民用领域的应用也越来越广泛。无人机技术在消防减灾、搜索营救、核辐射探测、交通监管、资源勘探、国土资源监测、边防巡逻、气象探测、农作物估产等民用领域中展现出巨大的潜力。

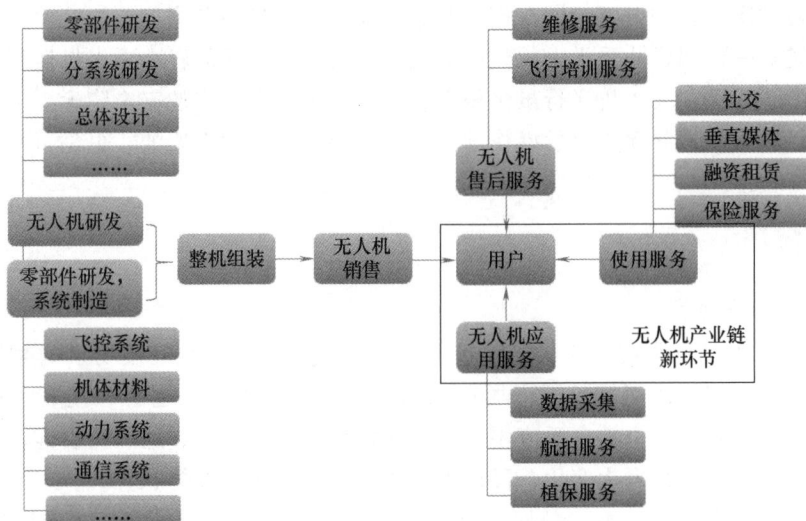

图 2-3 无人机产业链

（3）无人机行业发展背景　近年来，我国在国家层面上实施了多项政策以促进无人机行业的发展。2022年1月中国民用航空局发布的《"十四五"民用航空发展规划》重点提出要大力引导无人机创新发展，积极拓展服务领域，完善法规标准体系，创新无人机产业生态等。该规划还提出了完善无人机法规标准体系的目标，以及创新无人机产业生态的愿景。表2-3列出了我国无人机行业相关政策。

表2-3　我国无人机行业相关政策

时间	相关部门	文件名称	主要内容
2018年	工业和信息化部	《无人机制造企业规范条件》	制造企业享有所制造无人机的知识产权，拥有无人机相关的专利或专有技术，其中授权专利不少于50项（发明专利不少于3项），且3年内未出现侵权行为；年研发经费投入不低于当年总营业额的4%；无人机应具备敏感地区飞行限制功能和与用途匹配的感知避让功能，并具有唯一产品编码，满足身份识别要求等
	中国民用航空局	《低空飞行服务保障体系建设总体方案》	进一步加强低空飞行服务保障体系建设，促进通用航空业发展，保证低空空域安全高效使用，并明确服务空域内有无人机飞行活动的，飞行服务站应当建立相应的保障措施，必要时与无人机空中交通管理信息系统建立联系
2019年	中国民用航空局	对《轻小无人机运行规定》咨询通告征求意见的通知	中国民用航空局修订了《轻小无人机运行规定》，修订的主要内容包括调整无人机运行管理分类，明确无人机云交换系统定义及功能定位，增加无人机云系统应具备的功能要求，细化提供飞行经历记录服务的条件
	浙江省人大常委	《浙江省无人驾驶航空器公共安全管理规定》	从实名、设限和严管三个角度出发，首次从法律层面对无人机安全问题做出了相应规定
	中国民用航空局	《关于促进民用无人驾驶航空发展的指导意见》	促进无人机驾驶航空健康发展，提升民用无人机驾驶航空管理与服务质量
	中国民用航空局	《轻小型民用无人机飞行动态数据管理规定》	从事轻小型民用无人机及植保无人机飞行活动的单位、个人应当通过无人驾驶航空器空中交通管理信息服务系统（UTMISS）线上数据收发接口来实时报送飞行动态数据
2022年	中国民用航空局、国家发改委、交通运输部	《"十四五"民用航空发展规划》	要大力引导无人机创新发展，积极拓展服务领域，完善法规标准体系，创新无人机产业生态等

2. 无人机的操作要求

自2024年1月1日起，《无人驾驶航空器飞行管理暂行条例》正式实施，该条例规范了无人驾驶航空器飞行以及有关活动。

（1）基本规定　这些规定旨在确保无人机操作的安全性和合法性，防止违规飞行，保障公众和个人的安全和隐私，具体内容如下。

1）无人机操作人员应具有合法的飞行许可证，并遵守国家及相关地区的航空法规。

2）无人机操作人员应在飞行前对无人机进行仔细的检查，确保无人机的状态良好，所有零部件完好无损。

3）无人机需要安装明显的标识和序列号，以便于识别和追溯。

4）在开展无人机飞行前，无人机操作人员需要在相关部门申请飞行许可，并严格按照许可范围和条件进行飞行。

5）无人机操作人员应确保自己具备充分的飞行技能，每次飞行前需进行充分的训练和飞行演练。

（2）行为规范　无人机操作人员在操作无人机时需要遵守的具体行为规范包括飞行准备、飞行控制和飞行道德三方面内容。

1）飞行准备。

① 在飞行前确认无人机的电量和能量状况，确保其有充足的续航能力，避免因电量不足而引发的飞行事故，确保在低电量时能及时返航。

② 检查并确保无人机的设备和零部件完好无损，防止因设备故障而导致的飞行事故。

③ 飞行前查看天气状况和飞行场地环境，避免在恶劣天气条件下或危险场所进行无人机飞行。

④ 飞行活动需在事先规定的空域范围内进行，不得越界进入禁飞区域或限制飞行区域。在确定飞行路线时，需考虑到垂直方向和水平方向的障碍物，确保安全飞行。

2）飞行控制。

① 在飞行过程中，保持对无人机的实时监控，确保始终了解其位置、高度、速度和姿态。

② 遵循航空规则，确保与其他飞行器保持安全距离，并避免危险操作，如靠近机场、繁忙道路等区域。

③ 飞行高度应在规定范围内，不得超过预设的限制高度，以免影响其他航空器以及地面交通。

④ 飞行速度应根据无人机机型和所处环境来调整，避免出现过快或过慢的情况。

3）飞行道德。

① 遵循地面隐私法律，尊重他人的隐私权和个人财产权益，避免在人群密集区域或不允许飞行的区域飞行，避免对他人造成骚扰或威胁，并确保不干扰其他人的正常活动。

② 遵守当地法律法规，特别是有关无人机操作和飞行限制的规定。

③ 提倡无人机社区的良好行为和共享经验，不进行恶意竞争或不正当竞争。

3. 无人机的维护

无人机的维护包括基础保养和异常情况处理两个部分。

（1）基础保养

1）应定置存放，做好日志维护记录，妥善保存；定期检查和维护设备电池，确保电池性能良好。

2）无人机系统主要部件（如电动机、飞控系统、任务载荷等）更新或升级后，应对无人机进行检测，确保满足技术要求。

3）应定期对无人机系统进行检查、清洁、润滑和紧固，确保设备状态良好；定期对零部件进行维修和保养。

4）若无人机长期不使用，应定期检查设备状态，如有异常，应及时调试或维修。

（2）异常情况处理

1）应制订应急处理预案，提前做好应急演练。

2）若无人机在飞行过程中发生危及飞行安全的异常情况，应根据具体情况及时采取返航或就近迫降等应急措施。

3）若无人机在飞行过程中，出现突变天气或空域许可情况发生变化时，应及时评估安全性，确保安全后方可继续飞行。

4）无人机在飞行过程中，若操作人员出现身体不适等情况，应及时操控无人机安全降落并替换操作人员。若无替补，则应终止本次飞行任务。

🔧 任务实施 ▶

小飞在学习无人机操作规范和要求的过程中，他采取了主动思考的方式，通过提出问题来引导自己学习，从而逐一解决学习中遇到的疑惑。

思考1：我买了无人机，要不要进行考证？

【解决思路】

根据《无人驾驶航空器飞行暂行条例》的规定，操控小型、中型、大型民用无人驾驶航空器飞行的人员，需要向国务院民用航空主管部门申请取得相应的民用无人机操控员执照。这意味着，只有操控小型、中型、大型无人机时，才需要获得官方的执照。而微型和轻型无人机的操作不需要申请执照。微型无人驾驶航空器是指空机重量小于0.25kg（250g），最大飞行高度不超过50m，最大平飞速度不超过40km/h的无人机。

思考2："黑飞"需要承担哪些责任？

【解决思路】

"黑飞"是指未经登记或许可的飞行活动，这种飞行活动是违法的，并存在一定的危险。在中国，任何未取得中国民用航空局许可的飞行都是不允许的。涉及"黑飞"的个人或单位可能会面临严重的法律责任，尤其在造成事故或干扰正常航空秩序的情况下。在进行无人机飞行前，应通过官方渠道，如国家民航网等平台查询所在区域是否为禁飞区，例如在杭州市萧山区，因为有机场，所以萧山区的大部分区域都被划为禁飞区。

思考3：无人机新手需要遵守的操作规范有哪些？

【解决思路】

操作规范是确保一个行业健康发展的重要手段和保障。作为飞行操作人员，学习和遵守安全飞行法律法规是我们必须履行的责任。例如，如果规定飞行高度不超过120m，这个高度是从地面起算的。假设我们在100m的屋顶上操作无人机，那么无人机的实际可飞行高度只剩下20m。只要我们勤于学习，严格遵守法规，即使是新手也可以在蓝天中翱翔，当然，新手在购买无人机后首先要进行实名注册登记，这并不是在无人机的应用程序中进行登记，而是去当地管理部门去办理。

请根据所学所思，整理出你认为在无人机操作规范中比较容易出现的几个问题以及解决方法。

```
【解决思路】



```

任务评价

学习无人机操作规范是确保无人机安全、稳定飞行的关键步骤。为了深入学习无人机操作规范相关知识点，我们可以通过多种渠道，如微课视频、无人机论坛、国家民用航空局网站获取相关信息。利用收集的信息和资源，对照本任务的内容，完成表 2-4 的填写，并进行个人评价分析。

表 2-4　无人机的操作规范任务评价表

班级				姓名		
评价题项	素养指向	优秀(10分)		良好(6~9分)	一般(0~5分)	得分
查询信息	技能	熟悉无人机相关网站、国家民用航空局官网资源的获取与信息查询方式		能够通过搜索网站查询	仅知道相关论坛	
获取资讯途径	技能	熟练通过微博、公众号等途径高效搜索资讯		通过无人机论坛了解	仅从搜索网站了解	
了解无人机行业发展	知识	熟悉无人机行业历史和发展趋势		了解无人机行业历史和发展趋势	不够了解	
掌握无人机操作规范	知识	熟悉无人机操作规范		了解无人机操作规范	不够了解	
结合自身实际解读操作规范	知识	能结合自身情况,明确操作无人机时应遵守的各项规范和要求		了解操作规范,但与自身情况结合不紧密	不够了解,解读不深	
小组合作	合作	小组分工明确,交流充分,合作愉快		小组有分工,但分工不均	每个成员做自己的事,交流少	
自主学习	学习习惯	课前预习并观看无人机操作规范的视频和微课,对无人机安全应急措施有个人见解		观看无人机操作规范的视频和微课,但无个人见解	在教师催促下观看视频和微课	
PPT/思维导图总结	知识	知识点总结内容丰富,观点明确		知识点总结图文结合,但缺少观点表达	知识点总结内容简单,仅有图片或少许文字	
学习心得						
教师评价						

任务三　无人机的安全应急措施

任务情境

在一个阳光明媚的日子里，小飞带着新购置的无人机来到城市的中央商务区（CBD），准备拍一组城市风光大片。小飞先做完飞行前的检查工作，随后无人机在小飞的操控下缓慢且平稳地升空，摄像机捕捉下一幅幅壮丽的城市景象。然而意外发生了，无人机突然急剧下坠，遥控器似乎失去控制，随着"嘭"的一声响，无人机炸机坠毁了。

据统计，高达80%的无人机的宿命都是炸机，且其中70%的炸机发生在首次飞行时。从失控到炸机的过程可能非常短，有时仅几秒钟。为减少炸机的概率，新手小飞急需了解无人机的应急措施，以确保安全。

知识链接

1. 无人机安全风险的特点

无人机飞行安全风险的成因是多方面的，主要包括质量及技术风险、环境风险、人力风险、信息安全风险、管理风险、机械故障风险等。这些风险具有以下显著特点：

（1）高危害性　无人机在飞行过程中，如果对潜在的风险处置不当，极容易发生失控、坠机等事件。特别是当无人机遇到链路中断或定位系统信号丢失等情况时，就会进入盲飞状态，此时地面控制站将无法有效控制无人机的飞行。

（2）不可控性　无人机的风险控制相对困难，主要原因是绝大多数无人机系统所采用的飞行控制器控制回路结构简单，导致它们发生视距外的故障等突发情况时，地面人员无法根据无人机当前的具体状态进行妥善处理。

（3）不确定性　无人机飞行风险不仅存在于动力系统和传动系统，更多的集中于飞控系统。由于无人机运行环境的复杂性和技术的多样性，很多风险因素难以预测和控制。

（4）动态性　随着无人机技术的不断进步和应用领域的不断扩大，新的风险因素也在不断出现。

2. 影响无人机飞行安全的因素

（1）设备质量　目前的无人机设计更注重成本、重量、功能和性能等因素，使得元器件的选择、原材料的使用以及冗余技术的应用等关键的可靠性因素受到了限制。因此，无人机的可靠性相对较低。常见的设备故障有电动机卡死、信号中断、图像传输中断和突然断电等问题。

1）电动机卡死。四轴旋翼无人机的飞行动力完全依赖于电动机，每一个电动机都至关重要，并且无备用设计。如果其中任意一轴的电动机发生故障或卡死，都会严重影响无人机的飞行性能，甚至可能导致无人机坠落或炸机。

2）信号中断。无人机的运行依靠磁罗盘、全球定位系统（GPS）和遥控信号。如果这些信号出现异常或中断的情况，会影响无人机安全飞行。磁罗盘相当于无人机的指南针，如果磁罗盘信号出现问题，会导致无人机无法识别方向。全球定位系统能使无人机确定位置，当全球定位系统无法正常使用时，应避免无人机执行飞行任务，以免发生安全事故。另外，如果无人机已经超出接收遥控信号的有效距离或与飞手间有遮挡物，就会因接收不到来自遥控设备的控制信号而导致失控。

3）图像传输中断。操作航拍无人机期间，偶尔会发生图像传输画面中断的情况。通常情况下，只要无人机不是飞得太远，并且避开一些大型干扰物（如高架电缆和电塔），就能减少图像传输中断的风险。

4）突然断电。无人机突然断电是导致其坠落的另一个原因，这通常与电压不稳有关。电池老化可能是造成电压不稳的原因之一。另外，在寒冷的天气条件下，电池也容易出现电压急剧下降和电量迅速耗尽的情况，这会导致无人机在飞行过程中突然断电。

（2）气象环境　气象环境影响安全飞行的主要因素包括风、温度、湿度、能见度等。

1）风。风对无人机飞行安全的影响主要体现在风向和乱流两个方面。风向会影响无人机的飞行速度和阻力。顺风时，无人机的飞行速度会加快，操控者不容易准确控制飞行力度，容易因打杆过大从而造成操控失误。逆风时，无人机会受到较大的阻力，容易造成无人机返航失败。

因为乱流的方向不定，会对无人机的飞行状态产生影响。乱流可能会使无人机的飞行路径变得不稳定，因此操控者应特别注意，以确保飞行安全。

2）温度。温度对无人机的电池性能有着显著影响。低温条件下，电池的化学反应速度下降，从而造成电池续航时间缩短、放电功率降低、电压骤降和飞行动力不足等问题。低温也会对无人机的其他部件造成一定的影响，比如影响气压高度计的正常工作。当温差过大时，会使无人机镜头出现结雾现象，甚至在极端情况下会产生凝水，造成部件故障。

3）湿度。潮湿的空气会对多旋翼无人机的金属部件造成腐蚀，同时，螺旋桨在这样的环境中会受到更大的空气阻力。这不仅会增加无人机的耗电量，还会缩短其续航时间。

4）能见度。在夜间、大雾或霾等能见度不高的情况下，操控者对飞行距离的判断会受到干扰，容易导致无人机超视距飞行，从而影响飞行安全。

（3）地理环境　为确保无人机飞行安全，在制订飞行计划时一定要考虑地理环境因素，防止无人机因进入禁飞区、飞行高度超限、空中遇到障碍物等而造成损害。

1）禁飞区。无人机禁飞区是为无人机飞行划定的特定限制区域，主要包括军事基地、机场、重要建筑物等敏感区域。在这些区域内飞行无人机可能对地面设施和其他航空器造成威胁，因此被划定为禁飞区。在我国，无人机禁飞区的划定标准和范围已经被明确规定。如果无人机没有配备"电子围栏"（一种与无人机飞行控制系统配合使用的软硬件系统，能够在电子地图上划定特定区域，以防止无人机飞入这些区域），那么无人机飞入禁飞区将会带来严重的安全隐患。

2）飞行高度。无人机的飞行高度限制是确保安全飞行的关键措施之一。为了避免无人机与其他航空器发生碰撞，很多国家都对无人机的飞行高度设置了上限。通常情况下，无人机的最大飞行高度为120m，即400ft。这样的高度限制可以保证无人机与其他航空器保持足够的安全距离。

3）障碍物。地面建筑与树木对无人机的安全飞行会造成干扰，包括产生乱流、遮挡GPS信号、影响磁罗盘等。因此，在飞行前必须做好观察和调研。否则，无人机在飞行过程中撞上障碍物，很可能会导致坠机或炸机。

（4）飞手操作　作为无人机的操控人员，飞手必须具备扎实的理论知识和过硬的操控技能，还要时刻将安全放在首位，避免出现对头起飞、疲劳驾驶、误判距离、远距起降等可能造成安全风险的操作。

1）对头起飞。对头起飞是指飞手面向无人机机头方向进行操作，此时向前推动摇杆会导致无人机向后飞行，与预期的飞行方向相反。为避免这种情况的发生，飞手应该按照标准操作规范，采用对尾起飞方式，即面向无人机的尾部进行操作。在每次起飞前，飞手都应该观察无人机的方向和位置。如果在飞手没有确认无人机位置的情况下直接起飞，可能引发严重的飞行事故。

2）疲劳驾驶。如果飞手因缺少休息而感到疲劳，将影响他们对飞行状态以及周围环境的判断能力，导致反应速度下降。这种状态可能导致操作失误，从而造成摔机。

3）误判距离。飞手应当能够准确判断无人机与地面的实际距离，以便及时发现异常情况，从而避免发生炸机，确保飞行安全。

4）远距起降。无人机在远距离起降时，由于操控人员的视线和控制能力受限，摔机的风险比在视线范围内起降高得多。

3. 无人机安全防范与应急措施

（1）防范措施

1）实时监测无人机的运行状态是应急响应和处置的基础。

在无人机飞行前，必须确保所有相关设备和系统均处于稳定运行状态，并提前做好轨迹规划和目标设定。此外，必须安装高精度的定位系统和传感器，以便实时监测无人机的位置、速度和姿态等参数。一旦发现异常情况，例如无人机失控或受到外界干扰，应立即采取紧急措施，例如降低飞行速度、调整飞行路线或执行紧急返航。

2）合理设置飞行限制区域是避免事故发生的重要措施。

针对无人机在不同行业的应用，必须明确划定飞行禁区和限制区域，以确保安全。例如，无人机应与人口密集地区、机场、核电站等重要设施保持适当的安全距离。同时，还应制定相应的法律法规，要求无人机操控人员具备必要的技能和资质。只有通过专业的飞行培训并通过考试，获得合法的飞行执照，飞手才能安全地操控无人机，从而降低事故发生的风险。

3）建立完善的无人机应急响应和处置机制是保障安全的重要一环。

在无人机事故发生时，迅速反应并采取有效措施至关重要。为此，应建立统一的应急响应指挥中心，整合有关部门的资源和力量，并由专业人员负责协调处理各类事故。通过安装无人机识别系统和遥控干扰设备，可以有效防止无人机的非法入侵和干扰。此外，还应加强与航空公司、公安部门等机构的合作，建立信息共享机制，以便及时传递无人机的运行信息，实现实时监测和快速响应。

4）持续的培训和技术更新是保证无人机安全的长效措施。

随着无人机技术的快速发展，无人机的性能不断升级，操作方式也在不断变化。因此，无人机操控人员需要定期参加培训和考核，以掌握最新的操作规范和技术要求。同时，无人机操控人员应持续关注并采用最新的安全控制系统和设备，及时更新无人机的系统软件和硬件，以增强无人机的安全性和稳定性。

总之，面对无人机可能带来的安全风险，必须采取有效的应急响应和处置措施，确保无人机的安全运行。行业知识的积累和技术的进步，为无人机的飞行安全提供了有力支持。通过实时监测、合理设定飞行限制区域、建立应急响应机制和持续的培训，可以有效降低无人机事故的发生率，为无人机行业的健康发展提供坚实的保障。

（2）应急措施 表2-5列出了在不同风险因素下应采取的应急措施。

表 2-5 无人机安全应急措施

分类	风险因素	应急措施
设备质量	电动机卡死	起动电动机，先听听是否有异常的杂声，确认正常后才升空；起飞后，应悬停一段时间，看看飞行状态是否稳定，是否出现异常的倾侧。如发现无人机存在问题，应立即减速，并缓慢将其降落至地面
	信号中断	如果飞行时信号中断，要先检查操作无人机的方式是否正常，然后尝试让无人机向上爬升，以排除可能因山丘、建筑物或高架电塔等障碍物造成的信号干扰等情况；同时，飞到较高位置通常有助于重新连接信号。当重新接收信号后，建议切换到手动模式，谨慎地操控无人机返回起飞点
	图像传输中断	在图传画面中断前通常会出现图像传输信号不稳定的迹象，此时应留意周围是否有大型干扰物。如有干扰源，可在图传信号未完全中断前尝试让无人机飞高一点，以避开干扰源，可以让图传画面恢复正常。若采取以上措施后图传画面依然无法恢复，宜尽快启动无人机的自动返航功能，以确保无人机安全返回起飞点
	突然断电	如果无人机突然完全断电，操控人员应立即注意无人机的下坠位置，尽量采取措施确保地面人员的安全；如能重新控制无人机，切记不要过度提速返航，以免影响电池电压，导致进一步的失控。应尽快使无人机安全降落，确保人员和设备安全
气象环境	风向	当风向发生变化时，操控者要及时调整无人机的飞行状态，并做好预判，确保无人机安全返回
	乱流	操控者应始终密切观察无人机在空中的飞行状态；避免靠近山谷、建筑群等易产生乱流的区域
	温度	在户外飞行时要做好无人机的保温措施，特别是在寒冷的环境中，使用电池前注意预热。在温差变化较大的环境下作业时，要做好预防措施，避免无人机镜头或传感器出现结雾和凝水现象
	湿度	保持无人机干燥，潮湿环境会减少无人机飞行时长
	能见度	在能见度低的环境下，尽量避免飞行。如必须飞行，要提高警觉性，一旦超视距飞行，要立即采取措施让其返回视距内，以确保飞行安全
地理环境	禁飞区	在飞行前务必向相关部门报备飞行计划，这样能够清楚地知道禁飞区和限飞区位置，从而规避很多问题
	障碍物	在飞行前必须提前进行观察并做好准备。否则，无人机在飞行过程中撞上障碍物必然会导致摔机。需要注意的是，一旦发现无人机有摔机的迹象，必须立即关闭动力输出，以防进一步的损失
飞手操作	对头起飞	按照标准操作规范，采用对尾起飞的方式起飞，每次起飞前都应该观察无人机的方向和位置
	疲劳驾驶	飞手要有充足的休息时间，并在中午非作业时间及时进行午休，以避免因疲劳驾驶而导致的飞行安全事故的发生
	误判距离	了解无人机与前方障碍物的实际距离，以便及时发现异常情况。在发现潜在风险时，应立即减缓飞行速度或悬停，确保安全后再继续操作
	远距起降	尽量避免在视距范围外起降无人机。如果因实际情况需要在视距范围外起降无人机，尽量与有过默契配合的队友合作，并确保无人机的起飞环境是安全的

任务实施

近年来，国内无人机安全事故频发，引起了广泛关注。例如，2017 年在杭州西湖，一架无人机失控，其旋翼划伤游客眼睛；2018 年，北京发生了一起无人机失控坠落事件，导致一名一岁男童头部受到严重伤害；2019 年 9 月在郑州，一架无人机在公交车行驶过程中从天而降，造成了公交车追尾事故；2021 年初，西安发生了一起无人机坠落行车道的事件，一名男子驾车时险些被砸中。

小飞思考：在无人机作业过程中，一旦遇到突发情况应采取哪些应急措施以避免发生炸机？

请结合新闻报道对以上这四起无人机安全事件进行分析，并填写表 2-6。

表 2-6　典型无人机安全应急措施

事件	风险因素分析	应急措施
杭州西湖无人机失控	突然断电	如果无人机突然完全断电，操控人员应立即注意无人机的下坠位置，尽量采取措施确保地面人员的安全；如能重新控制无人机，切记不要过度提速返航，以免影响电池电压，导致进一步的失控。应尽快使无人机安全降落，确保人员和设备安全
北京无人机失控坠落		
郑州无人机失控坠落公交车道		
西安无人机失控坠落行车道		

1. 认识常见无人机作业场景（表 2-7）。

表 2-7　常见无人机作业场景

街景监控和检查	电力巡检	交通监控	环境监测
土地巡逻	农业植保	灾后救援	视频拍摄

2. 应用举例

表 2-8 中列出了无人机在电力巡检作业场景中的安全防范与应急措施。请根据相关内容，制订一份无人机在其他作业场景中的安全防范与应急措施，并填入表 2-9。

表 2-8　无人机在电力巡检作业场景中的安全防范与应急措施

作业场景：　　　　　　　　　　电力巡检
作业任务： 用无人机取代传统的人工电力巡线，实现巡线的电子化、信息化、智能化。这不仅提高了电力巡线的工作效率，还提升了应急救援水平和供电的可靠性。在面对山洪、地震等自然灾害或是紧急情况时，无人机能够迅速进行线路勘测和紧急排查，发现潜在危险
安全防范与应急措施： 在进行无人机电力巡检前，必须提前对现场进行勘查，明确作业内容并确定无人机的起降点。同时需要了解巡查线路的具体情况，包括与巡查线路平行或交叉的线路、海拔高度、地形地貌、气象条件、植被分布以及所需的空域等。基于巡检内容，制订详细的巡检计划。根据巡检使用的无人机型号和任务的特点，判断是否需要进行现场勘查 作业现场应远离爆破区、射击场、烟雾或火焰处、机场、人群密集区、高楼密集区、军事管辖区和无线电干扰区等可能影响无人机飞行的区域，避免无人机从变电站或电厂的低空直接穿过 无人机的起降点应与电力线路及其他设施保持足够的安全距离，确保进场条件良好，风向适宜，并满足起降条件。操控人员应熟练掌握无人机电力巡检的作业方法和技术手段，并通过对应机型的操作培训，持有相应的操作证书 操控人员还需熟悉巡检线路的具体情况，确保所用的无人机系统性能良好、运行正常 在执行作业任务前，应按照相关流程办理空域申请手续。电力巡检无人机必须配备足够数量的冗余执行机构和传感器，并采用容错控制系统。通过被动容错控制和主动容错控制来预防硬件故障和系统故障 在遇到各种突发情况时，要根据应急预案采取有效措施，避免发生无人机坠毁或炸机事故

表 2-9 无人机在_____作业场景中的安全防范与应急措施

作业场景:
作业任务:
安全防范与应急措施:

任务评价

　　掌握无人机的安全应急措施是学习无人机操作的重要环节之一。为了更深入学习无人机安全应急措施，我们可以通过多种渠道，如微课视频、无人机论坛、专业网站获取相关信息。利用收集的信息和资源，对照本任务的内容，完成表 2-10 的填写，并进行个人评价分析。

表 2-10　无人机的安全应急措施任务评价表

班级			姓名		
评价题项	素养指向	优秀（10分）	良好（6~9分）	一般（0~5分）	得分
查询信息	技能	熟悉无人机相关网站资源的获取与信息查询方式	能够通过百度等搜索网站查询	仅知道相关论坛	
获取资讯途径	技能	熟练通过微博、公众号等途径高效搜索资讯	通过无人机论坛了解	仅从搜索网站了解	
认识无人机安全风险特点	知识	熟悉无人机安全风险分类和特点	了解无人机安全风险分类和特点	仅了解无人机安全风险分类，但对安全风险的特点不够了解	
了解无人机安全风险因素	知识	熟悉无人机安全风险因素	了解主要的无人机安全风险因素	仅了解个别无人机安全风险因素	
掌握无人机安全防范与应急措施	知识	熟悉无人机安全防范与应急措施，会制订无人机在具体作业场景中的安全防范与应急措施	了解无人机安全防范与应急措施，会制订无人机在个别作业场景中的安全防范与应急措施	仅了解个别无人机安全防范与应急措施	
小组合作	合作	小组分工明确，交流充分，合作愉快	小组有分工，但分工不均	每个成员做自己的事，交流少	
自主学习	学习习惯	课前预习并观看无人机安全应急措施的视频和微课，对无人机安全应急措施有个人见解	观看无人机安全应急措施的视频和微课，但无个人见解	在教师催促下观看视频和微课	
PPT/思维导图总结	知识	知识点总结内容丰富，观点明确	知识点总结图文结合，但缺少观点表达	知识点总结内容简单，仅有图片或少许文字	
学习心得					
教师评价					

项目小结

在本项目中，我们深入探讨了无人机安全规范，旨在帮助无人机操控人员全面熟悉无人机的安全法规、操作规范及安全应急措施。通常学习这些知识，操控人员可以更加规范地进行无人机飞行，有效预防和减少安全事故的发生。

项目练习

一、单项选择题

1. 《民用无人驾驶航空器实名制登记管理规定》提出，2017年6月1日起，最大起飞重量大于或等于（　　）的民用无人机要进行实名登记。

A. 200g　　　　B. 250g　　　　C. 300g　　　　D. 500g

2. Ⅱ类无人机空机重量范围是（　　）。

A. $0<W\leqslant0.25kg$　　　　　　B. $0.25kg<W\leqslant4kg$

C. $1.5kg<W\leqslant7kg$　　　　　　D. $4kg<W\leqslant15kg$

3. Ⅲ类无人机起飞全重范围是（　　）。

A. $15kg<W\leqslant116kg$　　　　　B. $0.25kg<W\leqslant4kg$

C. $7kg<W\leqslant25kg$　　　　　　D. $4kg<W\leqslant15kg$

4. 下列情况中（　　）不符合无人机系统驾驶员自行负责无须证照管理的规定。

A. 在室内运行的无人机

B. Ⅰ、Ⅱ类无人机

C. 在人烟稀少、空旷的非人口稠密区进行试验的无人机

D. 在融合空域内运行的Ⅲ、Ⅳ、Ⅴ、Ⅵ、Ⅶ类无人机

5. 在飞行过程中，保持对无人机的实时监控，确保始终了解其位置、高度、速度和（　　）。

A. 姿态　　　　B. 方向　　　　C. 重量　　　　D. 体积

6. 以下不属于无人机飞行安全风险的特点是（　　）。

A. 不可控性　　B. 预测难度大　　C. 危害性弱　　D. 高危害性

7. Ⅰ、Ⅱ类无人机飞行高度被限定在（　　）m以下。

A. 50　　　　　B. 100　　　　　C. 120　　　　　D. 150

8. 疲劳驾驶属于（　　）影响无人机飞行安全的因素。

A. 设备质量　　B. 气象环境　　C. 地理环境　　D. 飞手操作

9. 为防止无人机进入军事基地、机场、重要建筑物等区域，需要设定（　　）。

A. 隔离区　　　B. 防护区　　　C. 禁飞区　　　D. 封闭区

10. 由于操作不当或机器故障等因素导致无人机非正常坠地且内部结构损伤较严重，称为（　　）。

A. 摔机　　　　B. 死机　　　　C. 炸机　　　　D. 毁机

二、填空题

1. 民用无人驾驶航空器仅允许在_____飞行。

2. _____是利用无线的遥控设备和自身的程序控制装置操纵完

成的无人驾驶航空器。

3. 无人机飞行安全风险的成因是多方面的，包括_____风险、环境风险、人力风险等。

4. 最常见的设备故障有电动机卡死、信号中断、图像传输中断和_____等。

5. 气象环境影响安全飞行主要包括_____、温度、湿度、能见度等。

三、判断题

1. 飞行任何类型无人机都需要有无人机驾驶执照。（　　　）

2. 无人机在高楼间穿梭可能会出现信号丢失的情况。（　　　）

3. 能见度低对无人机操控没有影响。（　　　）

4. 民用无人机可以随意飞入军事禁区。（　　　）

5. 面对无人机带来的安全风险，我们无计可施。（　　　）

四、简答题

1. 《民用无人机驾驶员管理规定》对无人机驾驶员实施了分类管理，哪些情况下无须持有驾驶执照？

2. 简述无人机起飞前应做的准备工作。

无人机模拟器技术

项目介绍

　　无人机模拟器是一种利用计算机软件和可选的物理硬件设备来模拟无人机飞行操作的系统。它允许用户在没有实际飞行风险的情况下，模拟无人机的飞行环境和操作。本项目将从无人机模拟器概述、无人机模拟器基本设置及无人机模拟器飞行操作基础等方面展开学习，帮助无人机操控人员提高飞行技能，增强安全意识，优化飞行策略，深入了解和掌握无人机的性能和特性。

任务一　认识无人机模拟器

任务情境

　　小飞在掌握了无人机的基础知识和安全规范后，渴望迅速提升自己的无人机操作技术。通过查阅资料和观看在线视频在实际操控无人机之前，操控人员需要熟悉不同的飞行空域分类，并了解所选空域的性质。特别是在受管制的空域飞行时，必须获取相应的许可。小飞所在区域恰好属于受管制空域，这意味着他需要前往很远的地方进行飞行练习，十分不方便。这时有人向小飞推荐了无人机模拟器，这款模拟器能够解决实际飞行中空域申请困难和操作无人机技能不熟练等问题，非常适合像小飞这样的新手操控人员。先应用无人机模拟器进行模拟飞行训练，再进行实际飞行，不仅可以显著降低成本和风险，还能有效提高无人机操控人员的飞行技能。

知识链接

一、无人机模拟器系统

　　无人机模拟器是一种模拟真实飞行体验的软件，它允许用户在虚拟环境中练习操控无人机技术。在模拟器软件中，用户可以选择多种无人机模型，并且每种无人机模型在现实中都有对应的实体。用户可以根据喜好选择想要操控的无人机模型，然后在城市、森林、沙漠、天空等不同的虚拟环境中进行飞行练习。这些练习有助于无人机操控人员掌握无人机的控制和飞行技巧。

无人机模拟器系统主要包括仿真器硬件设备、无人机模型、应用场景模型、飞行控制系统等。

1. 仿真器硬件设备

仿真器硬件设备可提供具有真实感的交互体验，其核心处理设备包含计算机、显示器、手柄等配套硬件，用于连接飞行控制系统和场景模型，并对无人机模拟器数据传输的可靠性、实时性等有重要影响，对模拟器飞行性能起决定性的作用。

2. 无人机模型

无人机模型中包含多种类型和规格的无人机，涵盖了旋翼机、固定翼机等不同机型，在模拟这些无人机的同时还需要考虑航空器的重心位置、惯性力矩及空气动力学特性等因素。

3. 应用场景模型

应用场景模型在无人机模拟器中扮演至关重要的角色，提供虚拟世界中的地形数据和环境条件，包括起降场地、天气条件、光照情况等，用户可根据需求设定城市、森林、沙漠、天空等不同的应用场景。

4. 飞行控制系统

飞行控制系统用于接受操控人员通过遥控器或操纵杆输入的指令转化为无人机的控制参数，包括油门、舵角、俯仰角等。此外，还需要考虑导航、自动驾驶和避障等功能。

二、无人机模拟器分类

无人机模拟器被广泛应用于民用、商用及军用等领域，供无人机控制人员进行飞行操作训练。一般可以按照适应领域与适用机型进行分类。

1. 按照适应领域分类

（1）工程研究模拟器　在工程研究阶段使用的无人机模拟器，旨在支持新型航空器的开发、测试或者现有航空器的改进和优化。这类模拟器使得工程研究人员可以进行更深入的研究，探索并验证新的设计理念或方法。此类无人机模拟器对硬件设备、建模的精确度等要求较高。

（2）飞行训练模拟器　在飞行训练阶段使用的无人机模拟器，旨在培养无人机操控人员掌握无人机飞行驾驶技术及相关技能（如操作、维护等）。这类模拟器适用于民用、商用及军用无人机的飞行驾驶训练。

2. 按照适用机型分类

（1）中大型无人机模拟器　中大型无人机的模拟器一般具有复杂的控制系统，包括模拟座舱、运动系统、视景系统、计算机系统及教员控制台等部分，提供了多种操纵和控制方式，如遥控器、键盘、手柄等。这些控制方式使操控人员可以模拟控制中大型无人机的飞行过程，获得接近实际操作的体验。这类模拟器一般应用于商用及军用无人机的飞行训练。

（2）航模和小型无人机模拟器　该类模拟器一般不需要进行体感训练，对于航模和小型无人机的模拟系统，甚至可以不需要模拟座舱和教练控制台等组件，这类模拟器能够准确地模拟航空器的飞行特性和空气动力学，包括航空器的飞行姿态、飞行速度、气动特性等。这类模拟器使操控人员能够在虚拟环境中体验真实的飞行感觉，帮助用户熟悉航模和小型无人机的操作方式和飞行特性。它们提供了实践和训练的机会，同时降低了实际飞行中的风险和成本。

三、无人机模拟器特点

无人机模拟器可以实现模拟飞行控制、飞行场景设置、气象条件配置、数据采集和分析等功能。通过上述模拟器功能，操控人员可以掌握无人机的飞行技巧、熟悉无人机控制系统、了解无人机控制逻辑和操作界面。市面上有多种无人机模拟器平台，常见无人机模拟器平台有：凤凰 PHOENIX RC 模拟器、大疆模拟器、Realflight 模拟器等。

1. 凤凰 PHOENIX RC 模拟器

凤凰 PHOENIX RC 模拟器是一款专为航模新手设计的飞行模拟器软件，它提供多种无人机机型，如多旋翼、固定翼、穿越机和直升机等，同时提供真实的飞行场景，如城市、乡村、森林、沙漠等。这些环境模拟增强了操控人员的操控真实感和体验感。在模拟飞行训练中，还可以设置各种突发事件，如风暴、机械故障等，以锻炼操控人员的应急反应和处理能力。需要注意的是，模拟器需要与相应的遥控器等外设配合使用方可进行飞行训练。图 3-1 所示为凤凰模拟器的界面。

2. 大疆模拟器

大疆模拟器是一款由大疆官方推出的无人机飞行模拟软件，使用时需要配置相应的遥控器或线材等硬件设备，它能够模拟多种复杂的飞行环境，提供逼真的飞行体验。它支持大疆的众多型号无人机，如"御"Mavic 系列、精灵 Phantom 系列、"悟"Inspire 系列、经纬 M200 系列、T16 植保无人机等。图 3-2 所示为大疆模拟器界面。

大疆模拟器具有以下特点：

（1）沉浸式飞行体验　大疆模拟器提供丰富的感官体验和互动反馈，通过模拟大疆无人机的多种飞行模式、飞行视角和物理特性，帮助操控人员在沉浸式的练习中快速提升飞行技能。

（2）仿真环境生动　通过三维渲染引擎对航空器模型及多种场景进行仿真，细节生动。

（3）硬件连接便捷　通过装有 Windows 操作系统的计算机可以很轻松地安装和运行大疆模拟器。

图 3-1　凤凰模拟器

图 3-2　大疆模拟器

3. Realflight 模拟器

Realflight 模拟器是一款写实风格的飞机驾驶模拟器，具有场景与机型真实度高、功能齐全、画面逼真等优点。从 G2 版本开始，Realflight 模拟已发展到 RF9 版本。Realflight 模拟器允许用户导入自制的飞机模型、飞机配置文件、涂装文件。用户可以从官方论坛下载大量的自制飞机模型、与真实厂家产品对应的花式飞机模型。用户根据自己的飞行体验调整飞机的配置，以获得接近真实飞行的手感。图 3-3 所示为 Realflight 模拟器界面。

图 3-3　Realflight 模拟器

　　市面上可供选择的无人机模拟器软件很多，上述介绍的凤凰模拟器、大疆模拟器、Realflight 模拟器是新手使用较多的平台。不同的模拟器软件有着不同的特点和优势，了解并选择适合自己的模拟器软件将大大提升无人机操控和飞行体验。无人机操控人员可根据自己的需求和喜好选择模拟器软件。喜欢真实模拟体验的操控人员，可以选择高度还原真实场景和飞行物理特性的软件；喜欢游戏化体验的操控人员，可以选择功能丰富且操作简便的软件。

　　无人机模拟器的设置对飞行训练至关重要，无人机模拟器通常支持包括手柄、遥控器和键盘在内的多种控制器。对于无人机操控人员来说，使用手柄会更加方便和舒适。在设置控制器时，首先应确保控制器与模拟器软件的连接正常，然后根据无人机的操控需求调整控制器的灵敏度和控制反馈参数，可以根据自己的实际情况逐渐提高灵敏度，以适应更高难度的操控。另外，还可以根据个人喜好和习惯自定义控制器的按键和摇杆映射，以实现更个性化的操控体验。

　　此外，无人机操控人员还需要了解和设置模拟器的飞行环境和场景。无人机模拟器提供了多种飞行环境和场景，如城市、山区、赛道等，这些不同的环境和场景对飞行的难度和体验有直接影响。操控人员可以在训练初期选择较为平缓和开阔的场景，随着技能的提升逐渐增加难度。同时，模拟器还可以模拟各种天气条件，如晴天、雨天、风雪等，通过在不同天气条件下进行模拟飞行训练，初学者可以更好地适应各种复杂环境和情况，从而提高飞行技能。

　　选择合适的模拟器软件、正确设置控制器、了解并设置飞行环境和场景，以及在不同的飞行模式下进行大量练习，都是无人机操控人员提高操控技能和飞行体验的有效途径。无人机模拟器作为一个强大的学习和训练的工具，为操控人员提供了一个安全且便捷的环境，让他们可以更快地掌握无人机的操控技巧，并积累宝贵经验，为将来的实际飞行打下坚实的基础。

任务实施

　　小飞在检索信息的过程中发现，无人机在消费、植保、电力、安防、测绘等多个行业领域的应用日趋重要。这些行业对无人机操控人员的需求日益增长。然而无人机操控人员紧缺成为行业发展的限制因素之一。无人机行业应用的飞行作业对于无人机操控人员的专业性、熟练程度的要求非常高，因此小飞希望借助无人机模拟器学习并掌握无人机操控技能。

　　小飞思考：无人机模拟器平台多种多样，针对不同应用场景应该如何选择无人机模拟器？

1. 常见无人机作业场景（表 3-1）

表 3-1　常见无人机作业场景

街景监控和检查	电力巡检	交通监控	环境监测
土地巡逻	农业植保	灾后救援	视频拍摄

2. 应用举例

表 3-2 中列出了无人机在电力巡检作业场景中选择的模拟器平台。请根据相关内容，制订一份无人机在其他作业场景中的模拟器平台选择计划，并填入表 3-3。

表 3-2　无人机在电力巡检作业场景中的模拟器平台选择计划

作业场景：	电力巡检

作业任务：
在电力巡检场景中，无人机将取代传统的人工电力巡线，实现巡线的电子化、信息化、智能化。这不仅提高了电力巡线的工作效率，还提升了应急救援水平和供电的可靠性。在面对山洪、地震等自然灾害或是紧急情况时，无人机能够迅速进行线路勘测和紧急排查，发现潜在危险

作业环境特点：
在电力巡检场景，无人机面临着诸多环境因素带来的挑战，如雾天、大风、雨天等恶劣天气条件下的飞行困难。为确保电力巡检任务的顺利进行，无人机在执行任务前需要进行精确的飞行路径规划，包括考虑无人机巡检路线、飞行高度、飞行速度等因素。这样不仅可以确保无人机能够覆盖所有需要检查的电力设施，还能提高无人机的飞行效率，确保巡检工作的高效和安全

模拟器平台选择：　　　　　凤凰 PHOENIX RC 模拟器
模拟器平台选择原因：
凤凰 PHOENIX RC 模拟器在训练中可以选择不同的飞行场景，例如城市、乡村、森林、沙漠等。这些环境模拟增强了操控人员的操控真实感和体验感。在模拟飞行训练中，操控人员还可以设置各种突发事件，如风暴、机械故障等，其中天气环境变化可以进行预先的精细设置，能够较好的模拟真实巡检过程中存在的环境变化；无人机机型较为丰富，可以选择常见的多旋翼无人机作为巡检训练设备

表 3-3　无人机在＿＿＿＿＿＿作业场景的模拟器平台选择计划

作业场景：

作业任务：

作业环境特点：

模拟器平台选择：
模拟器平台选择原因：

任务评价

无人机模拟器系统是学习无人机操控技术的有力工具之一。根据不同的无人机模拟器的平台特点与作业场景需求，选择合适的模拟器进行飞行训练至关重要。为了更好地学习无人机模拟器的相关知识，我们可以通过多种渠道，如微课视频、无人机论坛、无人机网站等获取相关信息。利用收集的信息和资源，对照本任务的内容，完成表 3-4 的填写，并进行个人评价分析。

表 3-4　无人机模拟器概述任务评价表

班级				姓名		
评价题项	素养指向	优秀(10分)	良好(6~9分)	一般(0~5分)		得分
查询信息	技能	熟悉无人机相关网站资源的获取与信息查询方式	能够通过百度等搜索网站查询	仅知道相关论坛		
获取资讯途径	技能	熟练通过微博、公众号等途径高效搜索资讯	通过无人机论坛了解	仅从搜索网站了解		
了解性能特点情况	知识	熟悉无人机模拟器的特点	了解无人机模拟器的特点	仅了解无人机模拟器的概念，但对性能特点不够了解		
测评体验	感悟	能够很好地对无人机模拟器的性能特点进行总结，能在论坛上发表观点并获得认可	总结出较多经验，但无法以文字形式表达出来	对无人机模拟器没有较多体验，没有形成知识脉络		
平台对比	兴趣与工匠精神	在调研过程中对多种平台用户使用进行对比分析并总结特点	在对比、分析中情绪平淡，简要提出一些观点	跟随性地查看平台特点		
小组合作	合作	小组分工明确，交流充分，合作愉快	小组有分工，但分工不均	每个成员做自己的事，交流少		
自主学习	学习习惯	课前预习并观看无人机模拟器的视频和微课，对无人机组成有个人见解	观看无人机模拟器的视频和微课，但无个人见解	在教师催促下观看视频和微课		
PPT/思维导图总结	知识	知识点总结内容丰富，观点明确	知识点总结图文结合，但缺少观点表达	知识点总结内容简单，仅有图片或少许文字		
学习心得						
教师评价						

设置无人机模拟器

任务情境

小飞在掌握了无人机模拟器系统的分类及特点后，对实际运用无人机模拟器产生了浓厚的兴趣。通过查阅信息和观看流媒体视频，他了解到无论是玩具级、航模级、航拍级还是多旋翼无人机的模拟器，都需要模拟器软件与外部硬件匹配，才能进行模拟飞行训练。对于一般航模和小型无人机，可以通过使用配套的遥感设备，如遥控器，与模拟器平台连接后进行相关飞行训练。这些遥感设备中的遥控器功能与常规遥控器功能大致相同，需要无人机操控人员熟悉其基本功能与正确握法。模拟器软件则能够最大限度还原真实的飞行场景，从而帮助无人机操控人员学习并掌握无人机的操控技巧。

本任务将以凤凰 PHOENIX RC 模拟器为例，通过学习该模拟器的遥控基础、安装与基本配置等相关知识，完成无人机模拟器的基本设置。

知识链接

一、模拟器遥控基础

无人机的遥控系统一般由遥控器、接收器、解码器、伺服系统组成，是主要用于无人机系统数据传输、载荷通信的无线电链路。常见的消费级无人机遥控通信频段有 1.4GHz、2.4GHz 和 5.8GHz。其中 1.4GHz 频段常用于数据通信，2.4GHz 频段主要用于图像传输，而 5.8G 频段因其信号传输更稳定、干扰更小而被广泛用于数据传输。

中华人民共和国工业和信息化部已经制定了无线电相关使用准则，以规范无人机行业的无线电频段使用。无人机模拟器训练中使用的遥控器功能与实际无人机遥控器基本相同。因此，接下来我们将学习模拟器中的遥控操作。

1. 遥控器功能

本次飞行训练任务以凤凰 PHOENIX RC 作为无人机模拟器平台，并配套乐迪 T8FB 型号遥控器。乐迪 T8FB 遥控器是一款 8 通道的 2.4GHz 频段航模遥控器，可以使用数据线连接模拟器接口与计算机进行数据通信，完成遥控器与模拟器各项数据的实时传输。该款遥控器的两个摇杆对应的四个基本通道的正向和反向，既可以通过手机 APP 进行设置，又可以直接通过拨动 T8FB 遥控器下方的相位开关来调整。乐迪 T8FB 型号遥控器上常见旋翼无人机操控的按键和开关功能如图 3-4 所示。

1）电源开关：遥控器的电源控制开关，向上推开机、向下拉关机，开机后电源指示灯点亮；固件升级时，按下此开关确认连接。

2）油门/方向舵摇杆：如图 3-5 所示，遥控器默认左侧遥杆具有油门/方向舵控制功能，设置为通道 1（横滚）、通道 2（俯仰）的控制开关，前后推拉遥杆控制无人机的飞行高度。向前推动摇杆可提高无人机电动机的转速，控制无人机上升，向后拉动摇杆则控制无人机下降。左右操作遥杆可控制无人机的飞行方向。向左按压摇杆可使旋翼无人机向左旋转，向右

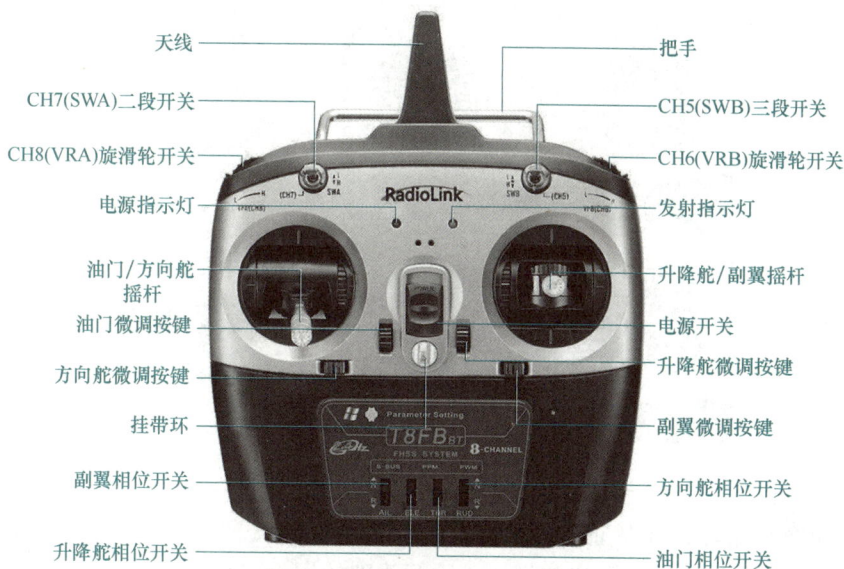

图 3-4　遥控器按键和开关功能

天线
CH7(SWA)二段开关
CH8(VRA)旋滑轮开关
电源指示灯
油门/方向舵摇杆
油门微调按键
方向舵微调按键
挂带环
副翼相位开关
升降舵相位开关

把手
CH5(SWB)三段开关
CH6(VRB)旋滑轮开关
发射指示灯
升降舵/副翼摇杆
电源开关
升降舵微调按键
副翼微调按键
方向舵相位开关
油门相位开关

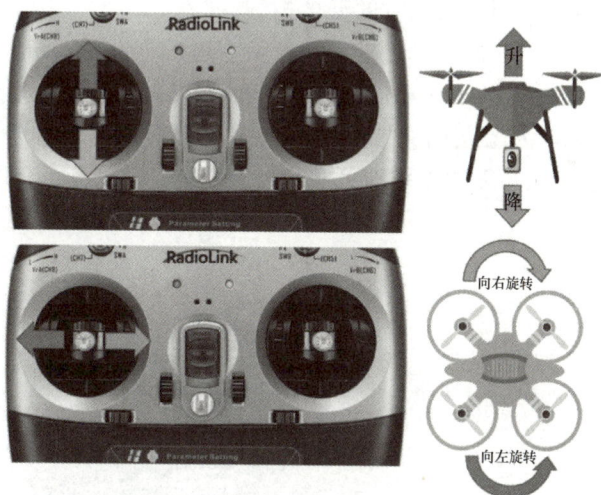

图 3-5　遥控器油门/方向舵摇杆功能

升
降
向右旋转
向左旋转

按压摇杆可使旋翼无人机向右旋转。

3）升降舵/副翼摇杆：如图3-6所示，遥控器默认右侧遥杆具有升降舵/副翼控制功能，设置为通道3（油门）、通道4（偏航）的控制开关，前后推拉遥杆控制旋翼无人机的前后飞行方向。向前推动摇杆控制旋翼无人机前进，向后拉动摇杆则控制旋翼无人机后退。左右操作遥杆可控制旋翼无人机左右飞行方向。向左按压摇杆可使旋翼无人机向左飞行，向右按压摇杆可使旋翼无人机向右飞行。

4）微调按键：T8FB遥控器有四个微调按键，可分别对通道1~4，即横滚、俯仰、油门和偏航进行微调。微调按键用于飞行或航行过程中对无人机进行快速调整。

5）拨动段开关：CH7（SWA）为二段开关，CH5（SWB）为三段开关，可通过调参

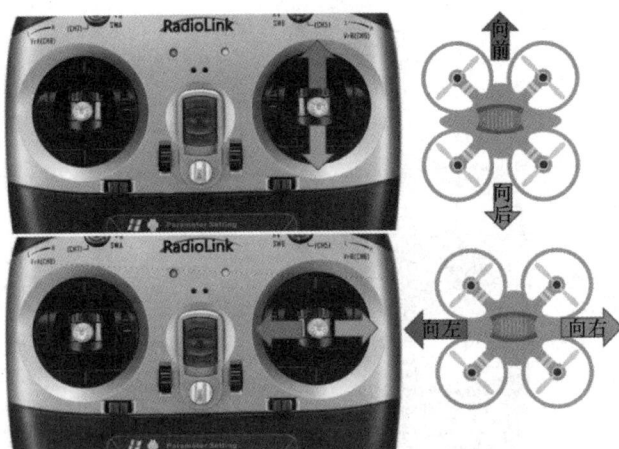

图 3-6　遥控器升降舵/副翼摇杆功能

APP 将此开关分配给辅助控制通道，进而控制该通道所连接的设备。需要注意的是，如果已购买了配有 T8FB 遥控器的乐迪整机，三段开关默认用于飞行模式的切换。

6）滑轮开关：CH8（VRA）和 CH6（VRB）为滑轮开关，此开关功能可根据实际需要通过调参 APP 自行设置，多用于第三方的云台控制。

7）遥控器接口：如图 3-7 所示，遥控器的背面有电池仓并预留了模拟器接口/教练接口（学生机），其中 T8FB 遥控器的工作电压范围是 4.8~18V，自带输入电压低压报警自适应功能；模拟器接口/教练接口为无人机操控人员在使用过程提供了两种外接数据的连接端口，使用时在背面端口连接相应功能数据线即可实现外接功能。

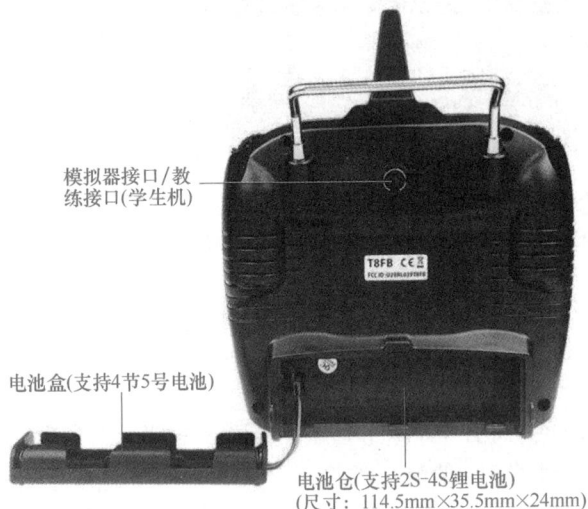

图 3-7　遥控器接口

需要注意的是，开机前务必使油门摇杆及微调按键置于最低端，然后打开遥控器的电源并检查电量是否满足工作要求，电量充足后再接通接收机电源。遥控器出厂默认为左手油门（美国手）或右手油门（日本手），油门摇杆默认不会自动回中位。如需让油门摇杆自动回中位，可打开 T8FB 遥控器外壳，并自行安装包装盒内提供的油门回中组件。

2. 遥控器握法

（1）摇杆模式　无人机遥控器的摇杆模式也称操作习惯，是指无人机遥控器摇杆操作方式的不同习惯。常见的摇杆模式有"美国手""中国手""日本手"。

"美国手"：左侧摇杆用于控制无人机的油门和方向，右侧摇杆用于控制无人机升降和副翼。"美国手"的控制方式与载人飞机的驾驶习惯相似，即飞行员用左手操作油门，用右手操作驾驶杆来控制航空器升降和副翼，以此调整飞机的飞行姿态。对于右手操作比较灵活的无人机操控人员而言，采用"美国手"进行操作是非常合适的选择。本书的教学内容也是基于"美国手"的操作方式进行的。

"中国手"：左侧摇杆用于控制无人机升降和副翼，右侧摇杆用于控制无人机油门和方向。这种操作习惯与"美国手"相反，因此也被称为"反美国手"。

"日本手"：左侧摇杆用于控制无人机升降和方向，右侧摇杆用于控制无人机油门和副翼。这种操作方式将"美国手"中左右摇杆的功能进行了互换。

（2）遥控器持握方法　无人机遥控器的持握方法一般根据操控人员的习惯不同分为双手单指（图3-8）和双手双指（图3-9）两种。在持握遥控器时需要保持稳定，避免因手抖或持握不稳导致的无人机失控。双手持握遥控器时，应用双手掌心抵住遥控器底部，手指均匀分布在遥控器摇杆及两侧的控制区。在操控无人机飞行时，需要保持手指的灵活性和稳定性，避免用力过度或用力不足。在控制无人机飞行姿态的过程中，操作的速度和力度应适中，确保操控过程的平稳性。

图 3-8　双手单指持握　　　　　　　　　　　　　图 3-9　双手双指持握

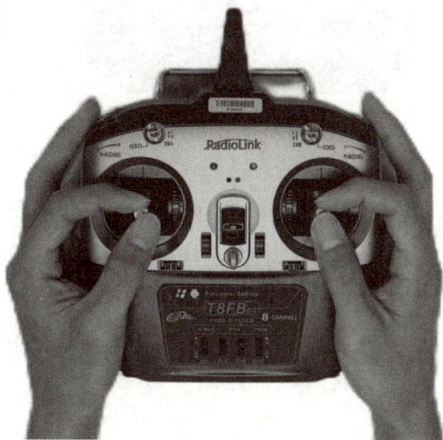

二、模拟器安装与配置

凤凰 PHOENIX RC 模拟器作为仿真度极高的飞行模拟器软件，提供了包括单通道训练、双通道训练在内的多种不完全通道训练模式。无人机操控人员可以利用这些模式，通过灵活的操控来完成各种飞行任务。在使用这款模拟器前需要先进行正确的安装与配置。

1. 凤凰 PHOENIX RC 模拟器的安装

（1）安装前准备　如图 3-10 所示，在安装凤凰 PHOENIX RC 模拟器前需要准备飞行模拟器软件、模拟器 USB 加密钥匙、遥感设备（遥控器）、计算机及通信线。飞行模拟器软件可以在凤凰 PHOENIX RC 模拟器的官方网站下载；模拟器 USB 加密钥匙可在电商平台购买，它附带的飞行模拟器软件光盘与官方网站下载的软件功能一致；遥感设备（遥控器）可选用乐迪、富斯、天地飞等品牌的设备进行连接。在连接飞行模拟器时，无论是通过有线还是无线方式，都需要通过 USB 加密钥匙将设备连接到计算机上，方可进行模拟器与遥感设备的操作。

飞行模拟器软件安装的计算机配置要求如下。

计算机操作系统版本：Windows7/Windows10 或更高。

CPU：2.0G 双核或更高。

内存：2GB 或更高。

显卡：HD3000 核显或 1GB 独显或更高。

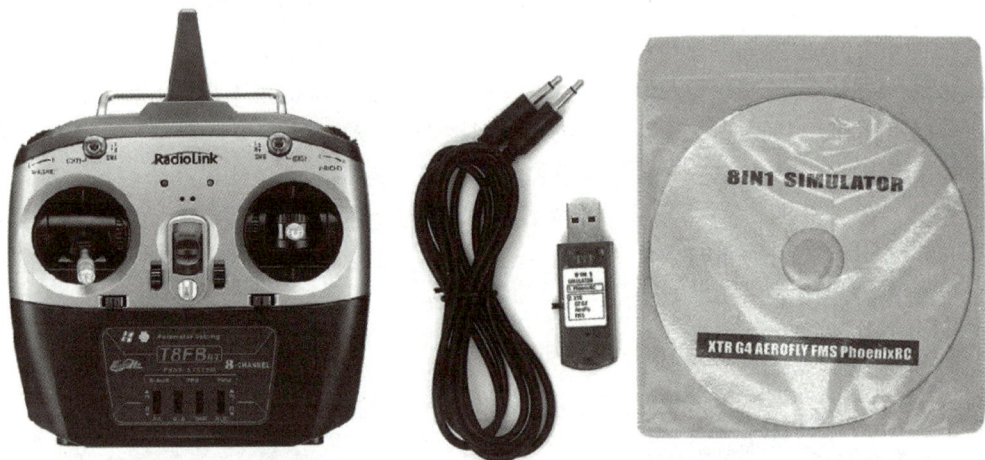

图 3-10　安装前准备

（2）安装过程

1）双击 PHOENIX RC 文件夹中 "autorun. exe" 的安装文件（提示：建议采用管理员身份打开运行），如图 3-11 所示，进入飞行模拟器软件的安装界面。

2）进入模拟器安装语言选择界面，选择 "中文（简体）" 作为飞行模拟器软件的安装语言，如图 3-12 所示。

模拟器的
安装过程

名称	修改日期	类型
0x0404.ini	2023/8/2 22:38	配置设置
0x0409.ini	2023/8/2 22:37	配置设置
0x0804.ini	2023/8/2 22:37	配置设置
autorun.exe	2023/8/2 22:39	应用程序
data1.cab	2023/8/2 22:38	360压缩 CAB 文件
data1.hdr	2023/8/2 22:38	HDR 文件
data2.cab	2023/8/2 22:52	360压缩 CAB 文件
data3.cab	2023/8/2 22:51	360压缩 CAB 文件
ISSetup.dll	2023/8/2 22:39	应用程序扩展
layout.bin	2023/8/2 22:38	BIN 文件
setup.ini	2023/8/2 22:38	配置设置
setup.inx	2023/8/2 22:38	INX 文件
setup.isn	2023/8/2 22:39	ISN 文件

图 3-11　双击 "autorun. exe" 文件

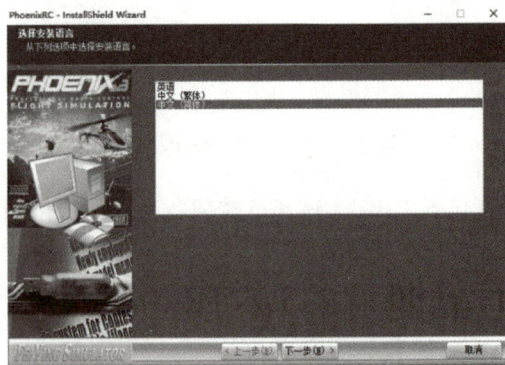

图 3-12　选择安装语言

3）单击"下一步"按钮，弹出"许可证协议"对话框，此时需要仔细阅读界面内的许可证协议内容，选中"我接受许可证协议中的条款（A）"单选按钮，完成许可证协议授权，如图 3-13 所示。

4）单击"下一步"按钮，弹击"客户信息"对话框，根据用户实际情况填写用户名和公司名称，如图 3-14 所示。

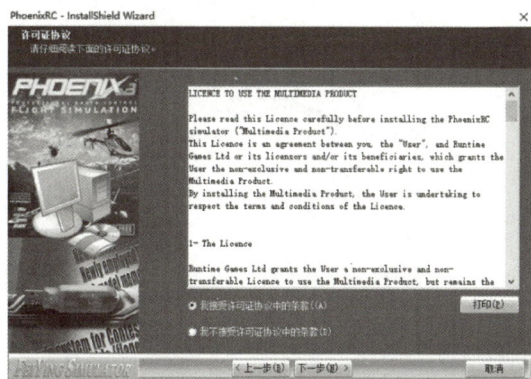

图 3-13 "许可证协议"对话框

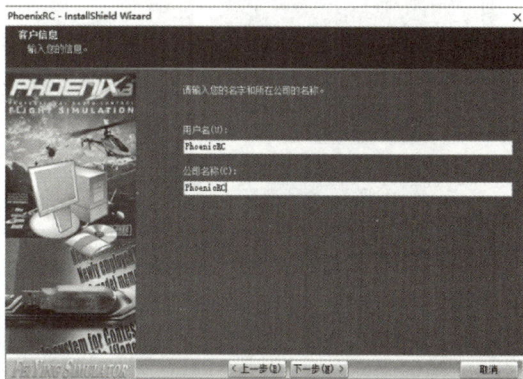

图 3-14 "客户信息"对话框

5）单击"下一步"按钮，弹出"安装类型"对话框，用户需要根据实际情况选择安装类型，有"完全"与"定制"两类，在安装所有程序功能的情况下建议选择"完全"类型，此时程序功能最为齐全，但占用磁盘空间稍大，如图 3-15 所示。

6）单击"下一步"按钮，此时飞行模拟器向导准备就绪，可以开始安装，在图 3-16所示界面中单击"安装"按钮，软件将开始根据设置自动安装飞行模拟器，安装成功后单击"完成"按钮即可使用飞行模拟器。

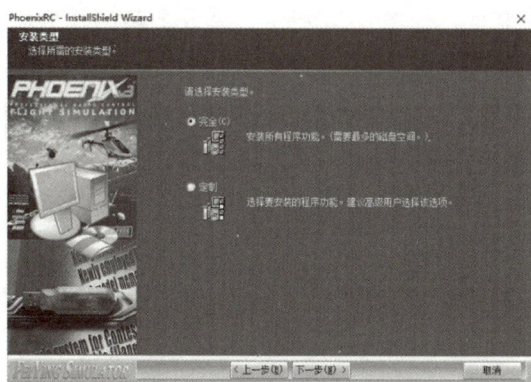

图 3-15 "安装类型"对话框

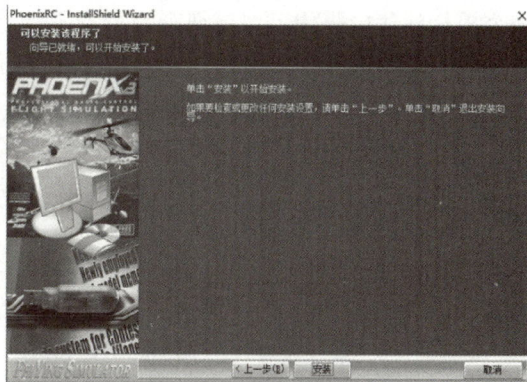

图 3-16 向导安装界面

2. 凤凰 PHOENIX RC 模拟器的连接配置

安装完凤凰 PHOENIX RC 模拟器软件后，无人机操控人员在进行飞行练习前还需要对模拟器进行正确连接与配置。

（1）模拟器设备连接 乐迪遥控器的背面设有教练接口，支持常规的模拟器训练。安装了凤凰 PHOENIX RC 模拟器的计算机与遥控器通过教练接口与 USB 加密钥匙连接的数据线进行数据通信。将 USB 加密钥匙插入计算机接口，打开遥控器的电源开关，USB 加密钥匙指示灯快闪（如果是首次使用，计算机将自动安装驱动程序）。当指示灯由快闪变成常亮时，说明设备已被识别并安装成功。设备连接方式如图 3-17 所示。

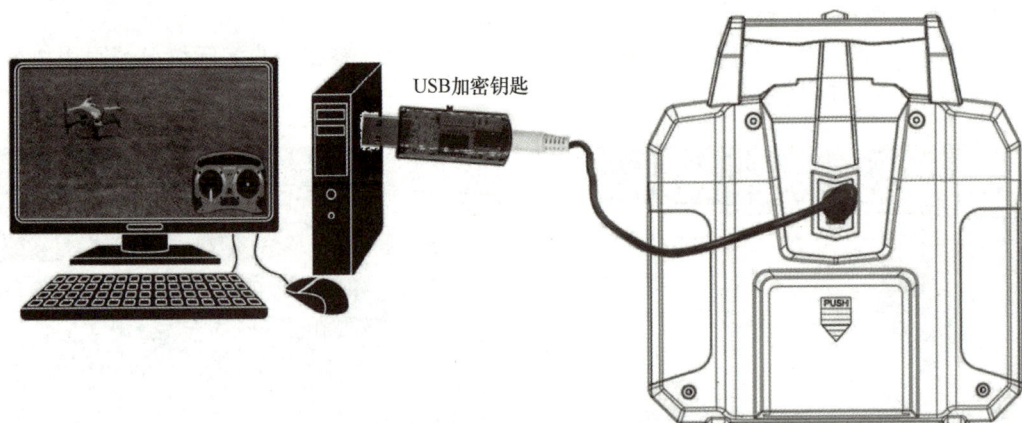

图 3-17　模拟器设备的连接方式

（2）配置新遥控器　凤凰 PHOENIX RC 模拟器与遥控器第一次连接成功后，需要对新遥控器进行参数配置，以确保遥控器与模拟器之间实现精准通信。这个过程又称遥控器校准。在校准过程中，需要对遥控器的各个通道功能、行程大小、操控方向等参数进行调整，使之与模拟器对应参数相匹配。校准遥控器的步骤如下：

1）打开凤凰 PHOENIX RC 模拟器软件，在主界面中选择"系统设置"→"配置新遥控器"命令，如图 3-18 所示，进入遥控器的配置界面。

2）根据提示依次完成四项指定动作，如图 3-19 所示，分别是关闭遥控器混控功能、将微调按钮置于中位、将遥控器所有摇杆置于中位、移动所有的摇杆行程到最大限度并确保每一个摇杆到达极限位置。仔细观察校准界面行程变化，如图 3-20 所示。完成上述动作后检查校准效果，如图 3-21 所示。此时，完成新遥控器的配置校准工作。

图 3-18　系统设置界面

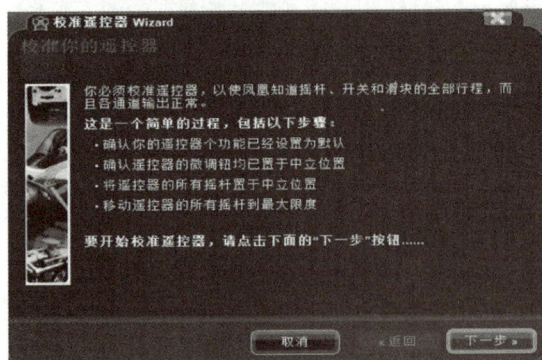

图 3-19　校准界面

3）在"检查校准效果"对话框中单击"完成"按钮，弹出遥控器的"控制通道设置"对话框，确定无人机操控人员使用遥控器时各个通道对应舵面控制方式及操作习惯与飞行模拟器通道设置是否一致。当需要重新创建一个配置文件时，可采用"快速设置"的方式完成配置文件的创建，如图 3-22 所示。

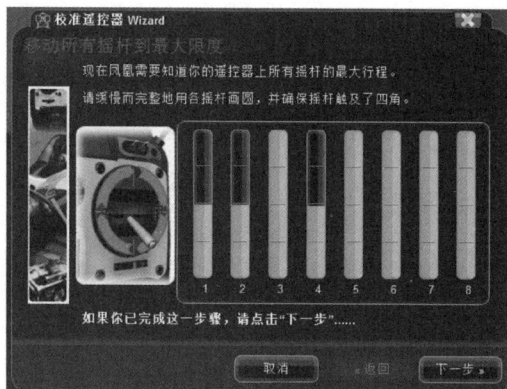

图 3-20　行程校准界面

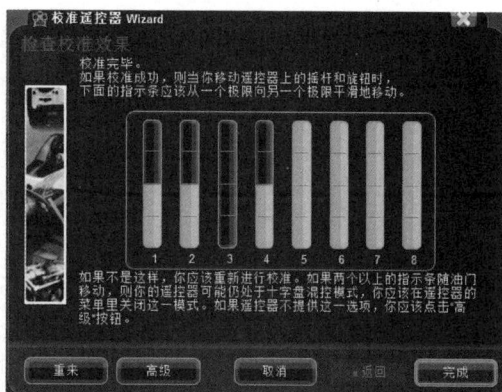

图 3-21　完成遥控器校准界面

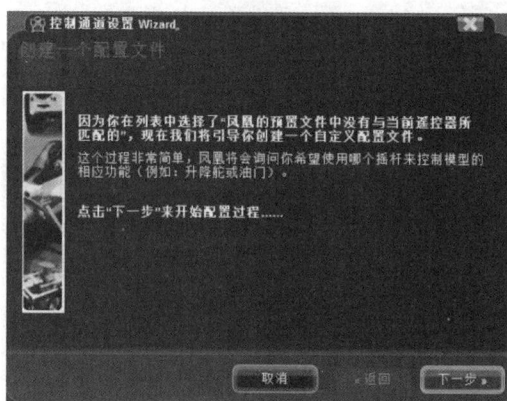

a)

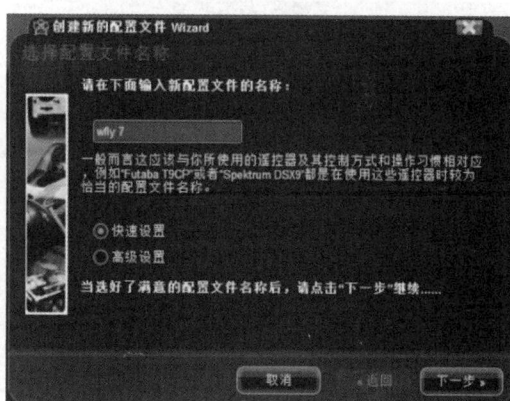

b)

图 3-22　"控制通道设置"对话框

在完成配置文件的创建后，需要设置五项核心控制参数，分别为：引擎控制、桨距控制、方向舵控制、升降舵控制及副翼舵控制，具体操作方法如图 3-23 所示。无人机操控人员在操控过程中应根据控制方式与习惯合理配置控制通道，并注意"美国手"与"日本手"的区别。完成飞行模拟器安装与配置工作，无人机操控人员可以使用凤凰 PHOENIX RC 模拟器和遥控器进行下一阶段的操作学习训练。

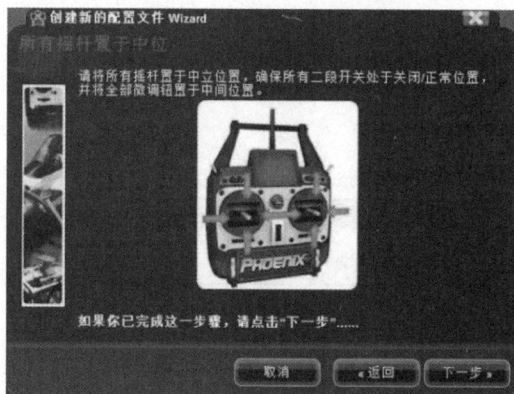

a)

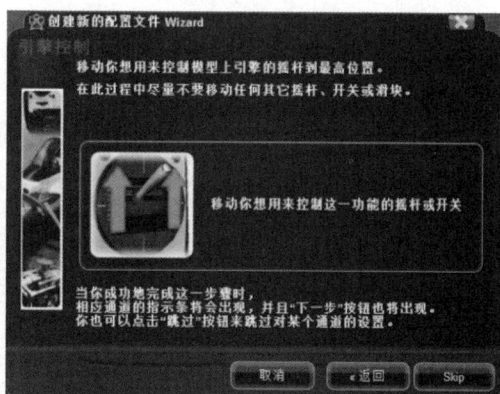

b)

图 3-23　配置文件操作过程

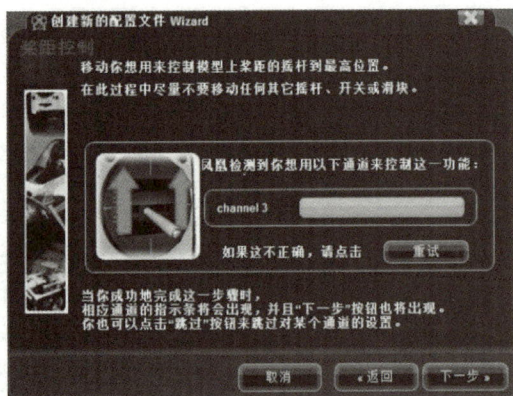

c)

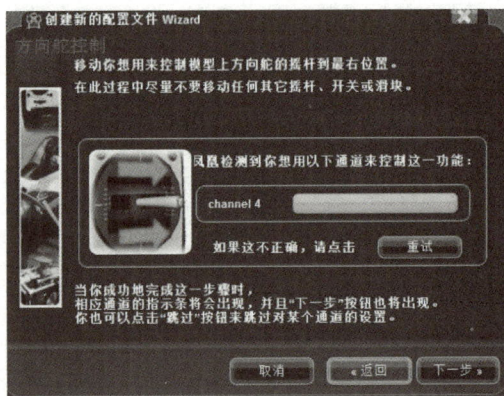

d)

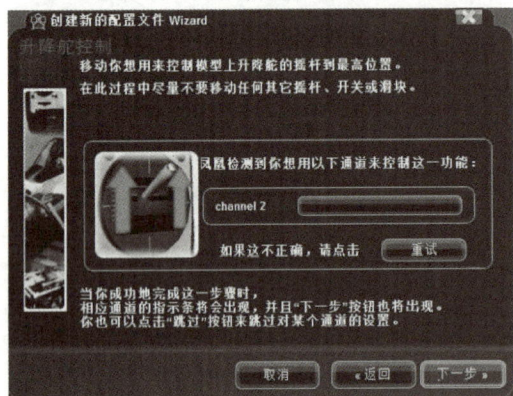

e)

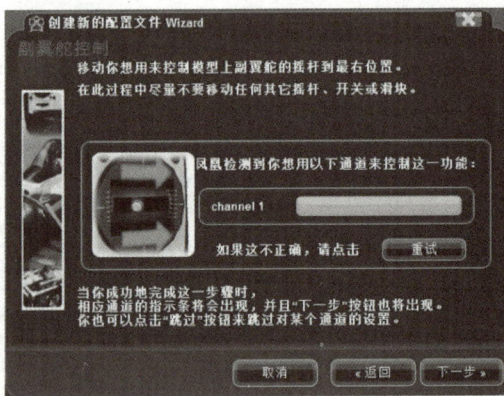

f)

图 3-23　配置文件操作过程（续）

任务实施

　　小飞通过学习模拟器遥控基础，掌握了遥控器的功能和正确握法等相关知识，并且深入了解了凤凰 PHOENIX RC 模拟器的安装和配置方法。于是小飞从电商平台购买了乐迪遥控器和凤凰 PHOENIX RC 模拟器的软/硬件产品，急切地想要完成新设备的安装、配置和使用。

　　小飞思考：作为无人机操作新手，应该如何选择适合自己的摇杆模式、遥控器握法和配置方法呢？

1. 遥控器的摇杆模式和持握方法（表 3-5）

表 3-5　遥控器的摇杆模式和持握方法

遥控器型号	摇杆模式			持握方法	
乐迪 T8FB	"美国手"	"中国手"	"日本手"	双手单指持握	双手双指持握

2. 应用举例

　　表 3-6 中举例了使用乐迪 T8FB 型号遥控器作为飞行模拟器控制端，采用"美国手"摇杆方式和双手双指持握的方法完成飞行模拟器的安装与配置。请参考表中内容，选择合适的摇杆模式与持握方法，完成无人机模拟器的基本设置，并填入表 3-7 中。

表 3-6　遥控器采用"美国手"摇杆模式、双手单指持握方法的模拟器基本设置

摇杆模式选择：	☑"美国手"	□"中国手"	□"日本手"					
持握方法选择：	☑双手双指持握	□双手单指持握						

<table>
<tr><th colspan="8">摇杆模式分析</th></tr>
<tr><td colspan="8">　"美国手"摇杆模式是左侧摇杆用于控制无人机的油门和方向,右侧摇杆用于控制无人机升降和副翼,以此控制无人机的飞行姿态。对于右手操作比较灵活的无人机操控人员而言,采用"美国手"进行操作是非常合适的选择。摇杆各方向动作内容如下。</td></tr>
<tr><th colspan="4">左侧摇杆动作方向</th><th colspan="4">右侧摇杆动作方向</th></tr>
<tr><td>向前推动</td><td>向后拉动</td><td>向左压杆</td><td>向右压杆</td><td>向前推动</td><td>向后拉动</td><td>向左压杆</td><td>向右压杆</td></tr>
<tr><td>加油门上升</td><td>减油门下降</td><td>左旋转</td><td>右旋转</td><td>前进</td><td>后退</td><td>左移动</td><td>右移动</td></tr>
<tr><th colspan="8">双手双指持握方法</th></tr>
<tr><td colspan="8">

模拟器基本配置:凤凰 PHOENIX RC 模拟器平台
1. 安装凤凰 PHOENIX RC 模拟器
配合本书与微课视频完成凤凰 PHOENIX RC 模拟器的安装
是否完成模拟器安装： 是☑　否□　原因：＿＿＿＿＿＿＿＿＿
2. 连接模拟器设备
安装了凤凰 PHOENIX RC 模拟器的计算机与乐迪 T8FB 遥控器教练接口之间使用 USB 加密钥匙数据线连接起来,打开遥控器电源开关直到计算机完成识别通信。
3. 配置新遥控器

☑关闭遥控器混控功能　　　　　　☑将微调按钮置于中位
☑将遥控器所有摇杆置于中位　　　　☑移动所有的摇杆行程到最大限度并确保到达极限位置
☑创建新的配置文件　　　　　　　　☑设置引擎控制通道
☑设置桨距控制通道　　　　　　　　☑设置方向舵控制通道
☑设置升降舵控制通道　　　　　　　☑设置副翼舵控制通道

</td></tr>
</table>

表 3-7　遥控器采用"＿＿＿＿"摇杆模式、＿＿＿＿方法的模拟器基本设置

摇杆模式选择：	□"美国手"	□"中国手"	□"日本手"					
持握方法选择：	□双手双指持握	□双手单指持握						

<table>
<tr><th colspan="8">摇杆模式分析</th></tr>
<tr><th colspan="4">左侧摇杆动作方向</th><th colspan="4">右侧摇杆动作方向</th></tr>
<tr><td>向前推动</td><td>向后拉动</td><td>向左压杆</td><td>向右压杆</td><td>向前推动</td><td>向后拉动</td><td>向左压杆</td><td>向右压杆</td></tr>
<tr><th colspan="8">＿＿＿＿持握方法</th></tr>
<tr><td colspan="8">

模拟器基本配置:凤凰 PHOENIX RC 模拟器平台
1. 安装凤凰 PHOENIX RC 模拟器
配合本书与微课视频完成凤凰 PHOENIX RC 模拟器的安装
是否完成模拟器安装： 是□　否□　原因：＿＿＿＿＿＿＿＿＿
2. 连接模拟器设备
安装了凤凰 PHOENIX RC 模拟器的计算机与乐迪 T8FB 遥控器教练接口之间使用 USB 加密钥匙数据线连接起来,打开遥控器电源开关直到计算机完成识别通信。
3. 配置新遥控器

□关闭遥控器混控功能　　　　　　□将微调按钮置于中位
□将遥控器所有摇杆置于中位　　　　□移动所有的摇杆行程到最大限度并确保到达极限位置
□创建新的配置文件　　　　　　　　□设置引擎控制通道
□设置桨距控制通道　　　　　　　　□设置方向舵控制通道
□设置升降舵控制通道　　　　　　　□设置副翼舵控制通道

</td></tr>
</table>

任务评价

无人机模拟器的基本设置是借助模拟器进行飞行训练的基础。由于不同品牌的遥控器与模拟器之间的连接方式存在差异，因此在实际使用过程中，必须仔细阅读遥控器的说明书进行相关配置。为了更有效地掌握无人机模拟器基本设置的相关知识，我们可以通过多种渠道，如微课视频、无人机论坛、专业网站获取相关信息。利用收集的信息和资源，对照本任务的内容，完成表 3-8 的填写，并进行个人评价分析。

表 3-8　无人机模拟器基本设置任务评价表

班级			姓名		
评价题项	素养指向	优秀(10分)	良好(6~9分)	一般(0~5分)	得分
查询信息	技能	熟悉无人机相关网站资源的获取与信息查询方式	能够通过百度等搜索网站查询	仅知道相关论坛	
获取资讯途径	技能	熟练通过微博、公众号等途径高效搜索资讯	通过无人机论坛了解	仅从搜索网站了解	
了解性能特点情况	知识	熟悉无人机模拟器基本设置的特点与方法	了解无人机模拟器基本设置功能	仅了解无人机模拟器基本设置的作用，但对方法特点不够了解	
测评体验	感悟	能够很好地对无人机模拟器基本设置的方法特点进行总结，能在论坛上发表观点并获得认可	总结出较多模拟器基本设置的经验，但无法以文字形式表达出来	对模拟器连接方法没有较多体验，没有形成知识脉络	
平台对比	兴趣与工匠精神	在调研过程中对多种遥控器连接使用进行对比、分析并总结特点	在对比、分析中情绪平淡，简要提出一些观点	跟随性地查看不同遥控器连接特点	
小组合作	合作	小组分工明确，交流充分，合作愉快	小组有分工，但分工不均	每个成员做自己的事，交流少	
自主学习	学习习惯	课前预习并观看无人机模拟器设置的视频和微课，对模拟器使用有个人见解	观看无人机模拟器设置的视频和微课，但无个人见解	在教师催促下观看视频和微课	
PPT/思维导图总结	知识	知识点总结内容丰富，观点明确	知识点总结图文结合，但缺少观点表达	知识点总结内容简单，仅有图片或少许文字	
学习心得					
教师评价					

无人机模拟器飞行操作

任务情境

小飞在掌握了无人机模拟器的基本设置方法后，顺利地完成了凤凰 PHOENIX RC 模拟器与遥控器的基本设置与校准配置，为接下来借助模拟器进行飞行训练打好了基础。无人机操控人员还可以根据实际训练需求对模拟器的飞行参数进行个性化配置，例如调整模拟器中飞行器的难度系数、飞行环境的风速、故障率等，深度模拟真实飞行环境，有效提高无人机操控人员的操作技能。

本任务将完成无人机模拟器飞行基础操作，学习借助凤凰 PHOENIX RC 模拟器进行飞行训练的相关知识，完成无人机模拟器的基础飞行任务。

知识链接

一、飞行前配置模拟器

无人机操控人员在飞行前对模拟器进行相关配置是确保模拟飞行操作顺利进行的基础。通过配置相关飞行参数，如气象条件、场地地貌特征、故障率等参数，可以评估无人机的起飞、着陆和巡航性能，进一步对配置进行调整和优化，提高无人机操控人员的飞行技能和安全意识。

1. 选择机型

在进行模拟飞行操作前，首先需要在凤凰 PHOENIX RC 模拟器中选择适合的机型模拟器提供的模型库中包括滑翔机、固定翼、直升机及多旋翼等机型，为用户提供了广泛的选择。其中，旋翼无人机因其在飞行操作上的稳定性和灵活性，尤其适用于航空摄影、监控、地形测量等任务，更适合初学者进行学习和训练。

凤凰 PHOENIX RC 模拟器的选择模型功能可以在主界面选择 "选择模型"→"更换模型" 命令中调用，如图 3-24 所示，进入该界面后便可以根据实际情况选择相应机型。

a)   b)

图 3-24 "选择模型" 界面

2. 选择场地

凤凰 PHOENIX RC 模拟器拥有较多的飞行场景可供选择，不仅有开阔的草地、无边的海景，还有茂密的森林、广阔的雪原、繁华的城市等，各场景的现实还原度较高，视觉代入感很强。软件升级后还新增了超大 3D 场景，开放了第一人称视角（FPV）模式。这些场景和视角的加入，使得飞行体验更加真实，不仅有助于提升无人机操控人员的飞行技巧，还能够训练他们对飞行画面的感知和把握。

凤凰 PHOENIX RC 模拟器的选择场地功能可以在主界面选择"选择场地"→"更换场地"命令中调用，如图 3-25 所示，进入该界面后便可以根据实际情况选择相应场地。

a)　　　　　　　　　　　　　　b)

图 3-25 "选择场地"界面

3. 设置起飞方式

在凤凰 PHOENIX RC 模拟器中，可以根据选定的机型选择不同类型的起飞方式，包括自动、地面起飞、手动放飞、牵引放飞、自动起飞及投掷模型方式起飞。一般情况下，可以为旋翼无人机选择自动或地面起飞方式。

在主界面中选择"选择模型"→"起飞方式"命令，如图 3-26 所示，进入该界面后便可以根据实际情况选择相应起飞方式。

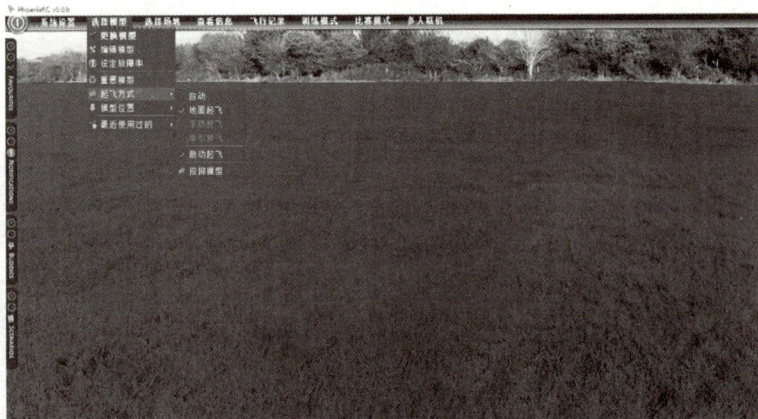

图 3-26 选择"起飞方式"界面

4. 设置飞行记录

飞行记录是模拟飞行过程中重要的数据记录工具，它可以详细记录每次模拟飞行的数据。通过回放这些飞行记录，无人机操控人员可以评估自己的技术水平、判断力和应对各种飞行情况的能力。这种反馈提升对于提升无人机操控人员的飞行操作技能是非常有益的。

凤凰 PHOENIX RC 模拟器中的飞行记录功能可以手动打开或关闭，具备了回放、倍速、载入、保存等，以满足无人机操控人员的对飞机记录的基本需求。使用时在主界面选择"飞行记录"→"打开记录器"命令便可调用飞行记录功能，如图 3-27 所示。

图 3-27　"飞行记录"界面

二、基础飞行操作

基础飞行操作是检验飞行器各项工作状态及配置是否正常的重要环节。如果在基础飞行操作中出现异常问题，则需要及时处理。常见的问题之一是在非操作状态下飞行器的飞行姿态发生偏移，这一般是由于校准偏差而造成的。在进行基础飞行操作前，应再次确认是否已经完成了遥控器的校准和起飞前的配置。以四旋翼 Blade 350-QX 为例，在 2D 模式下的 Aero-club Oldesloe 场景进行操作，如图 3-28 所示。在确认一切配置无误后，便可以开始学习起飞操作。

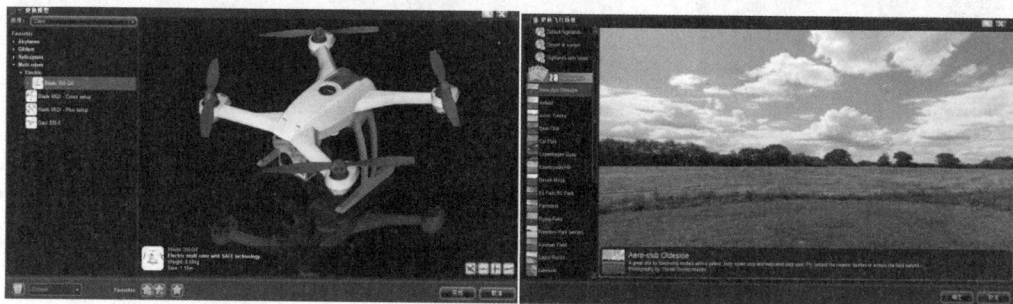

图 3-28　机型与场地确认界面

1. 飞行操作

起飞操作是操控遥控器的摇杆控制模拟器内飞行器的基本飞行姿态，在进行起飞操作前应确保遥控器的摇杆均处于最底部。起飞操作流程如下。

1）缓慢轻推左侧（油门）摇杆（"美国手"），将摇杆推至飞行器离地悬空后停止推杆，如图 3-29 所示，观察屏幕内飞行器的姿态变化，若飞行器悬停稳定，则说明左侧摇杆正常，无须校准偏差；缓慢轻拉左侧油门摇杆，将摇杆拉到底部后，若飞行器稳定落地，则完成左侧（油门）摇杆的飞行测试。

2）缓慢轻推左侧摇杆至飞行器离地后停止推杆使其保持当前高度，缓慢向左轻压左侧（方向）摇杆，观察屏幕内飞行器的姿态变化，若飞行器开始沿逆时针方向旋转，如图 3-30 所示，则说明左侧（方向）摇杆正常，无须校准偏差；缓慢向右轻压左侧（方向）摇杆，若飞行器开始沿顺时针方向旋转，则完成左侧（方向）摇杆的飞行测试。

3）飞行器保持当前高度悬停后，缓慢轻推右侧（升降）摇杆，观察屏幕内飞行器的姿态变化，若飞行器开始向前移动，如图 3-31 所示，则说明右侧（升降）摇杆正常，无须校准偏差；缓慢轻拉右侧（升降）摇杆，若飞行器开始向后移动，则完成右侧（升降）摇杆的飞行测试。

图 3-29　左侧（油门）摇杆操作示意

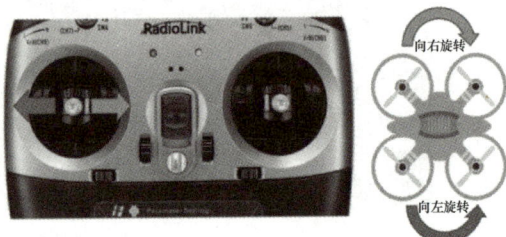

图 3-30　左侧（方向）摇杆操作示意

4）飞行器保持当前高度悬停后，缓慢向左轻压右侧（副翼）摇杆，观察屏幕内飞行器的姿态变化，若飞行器开始向左移动，如图 3-32 所示，则说明右侧（副翼）摇杆正常，无须校准偏差；缓慢向右轻压拉右侧（副翼）摇杆，若飞行器开始向右移动，则完成右侧（副翼）摇杆的飞行测试。

图 3-31　右侧（升降）摇杆操作示意

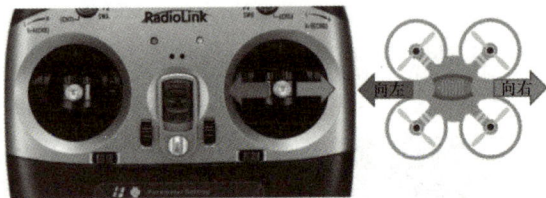

图 3-32　右侧（副翼）摇杆操作示意

5）使用遥控器在凤凰 PHOENIX RC 模拟器内完成油门、方向、升降及副翼调试飞行后，便可以在模拟器内进行飞行操作训练。遥控飞行过程需要注意以下几点：

① 摇杆的拨动要平滑。使用摇杆时，保持平稳且流畅的动作，避免猛推或猛拉摇杆，尽量保持摇杆的运动是线性且连贯的。

② 油门的控制要平稳。在起飞和降落时，应缓慢且平稳地轻推或轻拉油门摇杆，以减少飞行器的姿态变化，确保稳定飞行。

③ 飞行姿态的观察要细致。凤凰 PHOENIX RC 模拟器内提供了丰富的飞行数据，包括飞行速度、飞行参数表、飞行姿态、航向表等，如图 3-33 所示。通过观察这些数据，无人机操控人员可以更好地掌握飞行器的飞行状态，提升飞行操作技能和积累经验。

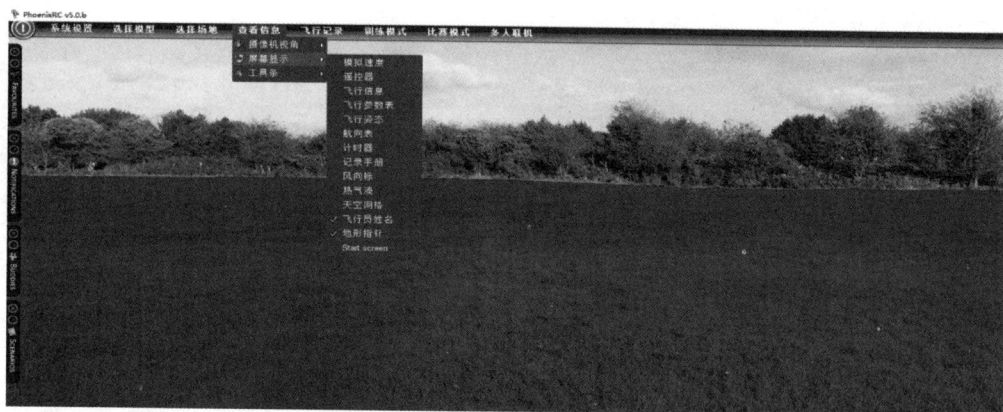

图 3-33　飞行数据显示界面

2. 飞行校准

在模拟飞行过程中，如果飞行器在悬停时出现向某一方向有规律的偏差移动，则需要仔细观察这种飞行姿态的偏差现象。根据观察结果，对遥控器上的微调按钮进行微调校准，微调按键位置如图 3-34 所示。以飞行器机头方向向前为基准进行飞行校准，具体方法如下：

（1）油门微调校准　缓慢轻推左侧（油门）摇杆（"美国手"）直至飞行器离地并悬空后保持摇杆的位置固定不动，若此时飞行器依然持续向上爬升，则说明遥控器的油门微调按键需要向下校准微调，调整至飞行器能够稳定悬停；若飞行器持续向下降落时，则说明遥控器的油门微调按键需要向上校准微调，调整至飞行器能够稳定悬停。以上完成油门微调校准。

（2）方向舵微调校准　缓慢轻推左侧（油门）摇杆（"美国手"）直至飞行器离地并悬空后保持摇杆的位置固定不动，若此时飞行器沿逆时针方向旋转偏移，则说明遥控器的方向舵微调按键需要向右校准微调，调整至飞行器能够稳定悬停；若飞行器沿顺时针方向旋转偏移，则说明遥控器的方向舵微调按键需要向左校准微调，调整至飞行器能够稳定悬停。以上完成方向舵微调校准。

（3）升降舵微调校准　缓慢轻推右侧（油门）摇杆（"美国手"）直至飞行器离地并悬空后保持摇杆的位置固定不动，若此时飞行器依然向前飞行，则说明遥控器的升降舵微调按键需要向下校准微调，调整至飞行器能够稳定悬停；若飞行器仍然向后飞行，则说明遥控器的升降舵微调按键需要向上校准微调，调整至飞行器能够稳定悬停。以上完成升降舵微调校准。

（4）副翼微调校准　缓慢轻推右侧（油门）摇杆（"美国手"）直至飞行器离地并悬空后保持摇杆的位置固定不动，若此时飞行器仍然向左飞行，则说明遥控器的副翼微调按键需要向右校准微调，调整至飞行器能够稳定悬停；若飞行器仍然向右飞行，则说明遥控器的副翼微调按键需要向左校准微调，调整至飞行器能够稳定悬停。以上完成副翼微调校准。

油门微调按键
方向舵微调按键
升降舵微调按键
副翼微调按键

图 3-34　微调校准界面

任务实施

　　小飞通过学习无人机模拟器飞行操作基础，掌握了飞行前模拟器配置方法与基础飞行操作的知识，并认识到只有扎实掌握以上知识，才能够更有效地进行飞行训练。请依据飞行操作基础知识完成表 3-9 所列无人机模拟器飞行操作基础中的各项任务。

表 3-9　无人机模拟器飞行操作

摇杆模式选择：　　□"美国手"	□"日本手"
持握方法选择：　　□双手双指握法	□双手单指握法

遥控器及加密连接是否正常：□是　　　□否
遥控器摇杆校准是否完成：□是　　□否

机型选择：　　　　场地选择：
起飞方式：　　　飞行记录是否打开：□是　　□否

模拟器屏幕显示数据：□模拟速度　□遥控器　□飞行信息　□飞行姿态　□计时器
其他：

1. 油门摇杆控制训练
缓慢轻推左侧（油门）摇杆（"美国手"）直至飞行器离地并悬空，按照以下高度要求稳定操控（油门）摇杆进行训练。

飞行动作	离地距离 （误差±0.2）/m	保持时间/s	完成情况
油门摇杆控制 飞行训练	1	60	□完成　　□未完成
	5	30	□完成　　□未完成
	10	30	□完成　　□未完成

2. 油门/方向舵摇杆控制训练
缓慢轻推左侧（油门）摇杆（"美国手"）直至飞行器离地并悬空，按照以下离地高度进行指定方向旋转，要求稳定操控油门/方向舵摇杆进行训练。

（续）

飞行动作	离地距离 （误差±0.2）/m	旋转方向	保持时间/s	完成情况
油门/方向舵摇杆控制 飞行训练	3	沿顺时针方向	60	□完成　□未完成
	3	沿逆时针方向	60	□完成　□未完成

3. 油门/升降舵摇杆控制训练

缓慢轻推右侧（油门）摇杆（"美国手"）直至飞行器离地并悬空，按照以下离地高度进行指定方向飞行移动，要求稳定操控油门与升降舵摇杆进行训练。

飞行动作	离地距离 （误差±0.4）/m	速度 （误差±0.2）/(m/s)	飞行方向	保持时间/s	完成情况
油门、升降舵摇杆控制 飞行训练	1	3	向前	30	□完成　□未完成
	1	3	向后	30	□完成　□未完成

4. 油门/副翼摇杆控制训练

缓慢轻推右侧（油门）摇杆（"美国手"）直至飞行器离地并悬空，按照以下离地高度进行指定方向飞行移动，要求稳定操控油门与副翼摇杆进行训练。

飞行动作	离地距离 （误差±0.4）/m	速度 （误差±0.2）/(m/s)	飞行方向	保持时间/s	完成情况
油门、副翼摇杆 控制飞行训练	1	3	向左	30	□完成　□未完成
	1	3	向右	30	□完成　□未完成

5. 飞行校准

缓慢轻推右侧（油门）摇杆（"美国手"）直至飞行器离地并悬空后保持摇杆的位置固定不动，观察此时飞行器姿态变化。

□上升偏移　　　□下降偏移　　　□沿逆时针方向运动　　　□沿顺时针方向运动

□向前运动　　　□向后运动　　　□向左运动　　　　　　　□向右运动

配合本书与微课视频完成飞行微调校准。

是否完成微调校准：□是　　□否　　原因：_____

任务评价

　　无人机模拟器飞行操作是使用计算机软件和专业设备模拟无人机的飞行环境和操作过程，为了更有效地掌握无人机模拟器飞行操作相关知识，我们可以通过多种渠道，如微课视频、无人机论坛、专业网站获取相关信息。利用收集的信息和资源，对照本任务的内容，完成表3-10的填写，并进行个人评价分析。

表3-10　无人机模拟器飞行操作任务评价表

班级			姓名		
评价题项	素养指向	优秀（10分）	良好（6~9分）	一般（0~5分）	得分
查询信息	技能	熟悉模拟器飞行基础相关网站资源的获取与信息查询方式	能够通过百度等搜索网站查询	仅知道相关论坛	
获取资讯途径	技能	熟练通过微博、公众号等途径高效搜索资讯	通过无人机论坛了解	仅从搜索网站了解	

（续）

评价题项	素养指向	优秀(10分)	良好(6~9分)	一般(0~5分)	得分
了解性能特点情况	知识	熟悉模拟器飞行基础的操作与规范	了解模拟器飞行基础配置	仅了解模拟器飞行基础的飞行前准备,但对操作流程不够了解	
测评体验	感悟	能够很好地对模拟器飞行基础操作流程与规范进行总结,能在论坛上发表观点并获得认可	总结出较多模拟器飞行基础经验,但无法以文字形式表达出来	对操作没有较多体验,没有形成知识脉络	
平台对比	兴趣与工匠精神	在调研过程中对多种遥控器在模拟器飞行操控使用进行对比、分析并总结特点	在对比、分析中情绪平淡,简要提出一些对比观点	跟随性地查看不同遥控器操控飞行的特点	
小组合作	合作	小组分工明确,交流充分,合作愉快	小组有分工,但分工不均	每个成员做自己的事,交流少	
自主学习	学习习惯	课前预习并观看模拟器飞行基础的视频和微课,对模拟器飞行操作有个人见解	观看模拟器飞行基础的视频和微课,但无个人见解	在教师催促下观看视频和微课	
PPT/思维导图总结	知识	知识点总结内容丰富,观点明确	知识点总结图文结合,但缺少观点表达	知识点总结内容简单,仅有图片或少许文字	
学习心得					
教师评价					

项目小结

本项目涵盖了无人机模拟器概述、无人机模拟器基本设置及无人机模拟器飞行操作基础等内容。任务一从理解无人机模拟器的系统概念开始,逐步向无人机模拟器分类及无人机模拟器品牌特点展开延伸,以帮助学生理解无人机模拟器的基础内容;任务二聚焦于无人机模拟器的遥控基础应用与模拟器的安装配置,目的是让学生掌握使用无人机模拟器前的准备工作与安装配置方法;任务三通过对模拟器飞行前的配置与基础飞行操作进行深入实践,进一步巩固和掌握无人机模拟器的基本操作内容。

项目练习

一、单项选择题

1. 以下选项中，不属于无人机模拟器优势的是（　　）。

　　A. 灵活的软件定制　　　　　　　　B. 可以帮助实际飞行训练

　　C. 提供多种飞行器模型选择　　　　D. 对环境保护有积极作用

2. 无人机模拟器在操作过程中可以提升（　　）。

　　A. 空中协调能力　　　　　　　　　B. 快速反应能力

　　C. 紧急情况处理能力　　　　　　　D. 所有上述能力

3. 以下选项中，不属于工程研究模拟器特点的是（　　）。

　　A. 建模要求较高　　　　　　　　　B. 操作简单，便于新手操作

　　C. 对操作者有较多要求　　　　　　D. 硬件设备要求高

4. 乐迪 T8FB 型号遥控器的数据通信频段为（　　）。

　　A. 1.4GHz　　　　B. 2.4GHz　　　　C. 5.8GHz　　　　D. 其他

5. "美国手"遥感模式中右侧摇杆上下操作控制的是（　　）。

　　A. 油门　　　　　B. 方向　　　　　C. 升降　　　　　D. 副翼

6. "日本手"遥感模式中左侧摇杆上下操作控制的是（　　）。

　　A. 油门　　　　　B. 方向　　　　　C. 升降　　　　　D. 副翼

7. "日本手"遥感模式中右侧摇杆上下操作控制的是（　　）。

　　A. 油门　　　　　B. 方向　　　　　C. 升降　　　　　D. 副翼

8. 以下飞行器中，没有在凤凰 PHOENIX RC 模拟器中提供的是（　　）。

　　A. 滑翔机　　　　B. 固定翼　　　　C. 飞艇　　　　　D. 直升机

9. 凤凰 PHOENIX RC 模拟器中的飞行记录不能实现（　　）功能。

　　A. 回放　　　　　B. 联网读取数据　　C. 倍速　　　　　D. 保存

10. 缓慢轻推左侧（油门）摇杆（"美国手"）直至飞行器离地并悬空后保持摇杆的位置固定不动，若此时飞行器仍然向前飞行，则说明（　　）。

　　A. 方向舵微调按键需要向右校准微调

　　B. 方向舵微调按键需要向左校准微调

　　C. 升降舵微调按键需要向上校准微调

　　D. 升降舵微调按键需要向下校准微调

二、填空题

1. 无人机模拟器系统主要包括_____、_____、_____、_____等。

2. 无人机模拟器可按照应用特点分类为_____、_____。

3. 无人机模拟器平台品牌有_____、_____、_____等。

4. "日本手"与"美国手"操作在_____和_____时左右摇杆进行了调整。

5. 缓慢轻推左侧（油门）摇杆（"美国手"）直至飞行器离地并悬空后保持摇杆的位置固定不动，若此时飞行器依然向上爬升，则说明遥控器的油门微调按键需要_____校准微调。

三、判断题

1. 无人机模拟器操作熟练后可以提升飞行操作技能且能够保证不出现"炸机"事故。（   ）

2. 无人机模拟器中的飞行控制系统可以对无人机的油门、舵角、俯仰角等参数进行控制调整。（   ）

3. 凤凰 PHOENIX RC 模拟器与计算机直接使用通信线连接即可使用。（   ）

4. 凤凰 PHOENIX RC 模拟器与遥控器连接成功后无须进行校准可以直接操作。（   ）

5. 从凤凰 PHOENIX RC 模拟器切换回现实飞行器操作时，还需要对遥控器的摇杆进行检查校准。（   ）

四、简答题

1. 简述凤凰 PHOENIX RC 模拟器的平台优势。

2. 配置新遥控器为什么需要进行摇杆校准？

3. 简述模拟器中飞行操作时油门摇杆的检查方法。

项目介绍

无人机模拟器飞行训练为新手提供了一个安全的练习环境，有效避免了实际飞行中可能出现的安全风险和经济损失。本项目以凤凰模拟器和 Blade350-QX 四旋翼无人机为例，展开模拟起降与悬停训练、小航线飞行训练和 8 字航线飞行训练等内容，帮助无人机操控人员在不同的场地和环境下进行大量的模拟飞行练习，从而提升他们的飞行技能，适应实际飞行任务，增强飞行自信和熟练度，以便更好地掌握无人机的性能，为安全飞行打好基础。

任务一　无人机模拟起降与悬停训练

任务情境

小飞在成功完成模拟器的设置并尝试了飞行操作后，发现模拟器提供了丰富的场地布局和多样的训练模式，因此他决定在进行室外实际飞行之前，先在模拟器中进行飞行训练，以提高自己的无人机操控技能。然而，面对模拟器中众多无人机模型、场地布局和训练模式，小飞无从下手。为了帮助他，本项目提供的飞行训练将按照由易到难的顺序进行，包括起飞训练、降落训练和悬停训练。本任务以凤凰模拟器和 Blade350-QX 四旋翼无人机为例，指导小飞逐步掌握飞行技巧。

知识链接

在无人机起飞之前，需要做好以下几项准备工作：

1. 检查无人机

确保螺旋桨和电动机安装稳固，并确认螺旋桨的安装位置正确。在检查过程中，保持电动机关闭、螺旋桨不在旋转状态，以避免被螺旋桨意外割伤。确保无人机和遥控器的电量充足。

2. 检查遥控器

确认遥控器的操作模式（"日本手"或"美国手"等）、信号连接稳定、按键已复位校准、遥控器天线位置正确等。

3. 检查天气情况和飞行区域

了解最新的天气预报并确保气象条件适合飞行，避免在大风或降雨等恶劣天气下飞行。确保在合法区域内进行飞行，并在规划的飞行路径和航线中注意躲避障碍物。

虽然在模拟器中无法完全模拟实际起飞前的检查步骤，但有在真实起飞前须进行检查的安全意识是非常重要的。在模拟器中进行飞行训练之前无须检查无人机的物理状态或天气条件，但仍需确保遥控器的校准正确，具体操作方法是：选择"系统设置"→"校准遥控器"命令，如图 4-1 所示，在弹出的对话框中按向导步骤依次完成校准，如图 4-2 所示。

图 4-1 选择"系统设置"→"校准遥控器"命令

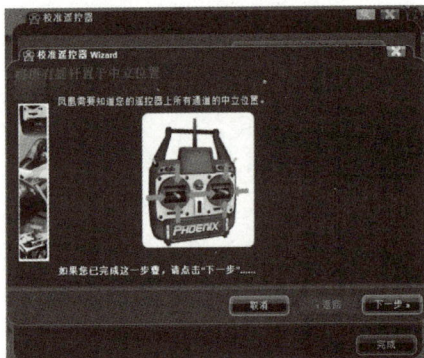

图 4-2 "校准遥控器"对话框

完成遥控器的校准后，将摇杆的所有通道复位至中位，结果如图 4-3 所示。而后进入模拟飞行场地。在此之前，务必将左侧油门摇杆拉到最低（这里以"美国手"为例），养成良好的飞行习惯，避免无人机失控。另外，可以选择"查看信息"→"屏幕显示"→"遥控器"命令，如图 4-4 所示，在屏幕上显示遥控器的实时操作情况，有助于新手更好地理解遥控器摇杆的操控。

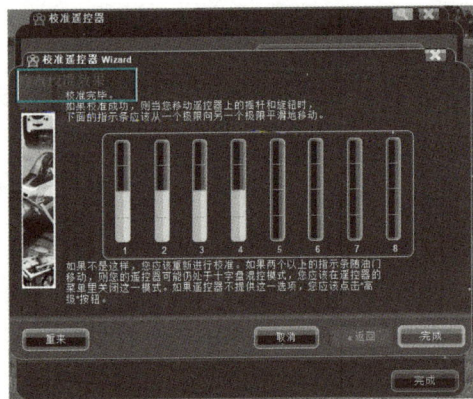

图 4-3 摇杆通道复位至中位

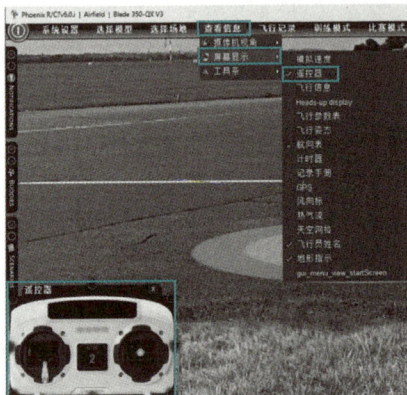

图 4-4 在屏幕上显示遥控器

任务实施

小飞在前期的学习中已经掌握了模拟器中遥控器的设置方法，能够分清四个舵面的功能，但是这些知识目前还仅限于理论层面。小飞意识到自己在实际操作中还未能熟练地通过摇杆控制无人机。因此，他决定先在模拟器中进行系统的飞行训练，以便将理论知识转化为

实际操作技能。

一、起飞训练

在进行起飞操作时，应缓慢轻推左侧油门摇杆，双手操作摇杆时要保持平稳。在无人机起飞后，要依据飞行状态及时调整油门摇杆，而不是一直保持不变，同时避免在油门摇杆的左右方向做非必要的晃动动作，以防止因无人机的姿态发生变化而导致无人机失控。根据表 4-1 所列参数进行起飞训练，每次进行模拟起飞训练前，打开飞行记录器，其界面如图 4-5 所示，单击界面上的"开始/停止飞行记录"按钮 ⬤ 进行录制，并在练习后观看飞行记录，填写模拟起飞训练任务记录表，以此来不断调整和完善起飞操作。

表 4-1　模拟起飞训练任务记录

无风起飞训练	无侧风	飞行高度				
		1m	2m	3m	4m	5m
	飞机姿态　对尾					
侧风起飞训练	飞行高度 5m	侧风速度				
		2m/s	4m/s	6m/s	8m/s	10m/s
	飞机姿态　对尾					

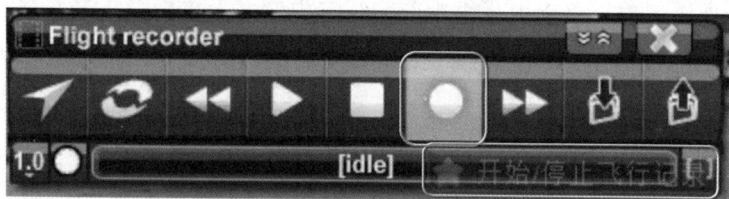

图 4-5　飞行记录开始按钮

二、降落训练

无人机的降落操作与起飞过程相似，需要通过左侧油门摇杆来降低无人机的高度。需要注意的是，当无人机距离地面 5~10cm 时，需要轻推油门摇杆，减缓下降速度，让无人机在接近地面的位置短暂悬停，然后轻拉油门摇杆，使无人机平稳落地。选择"查看信息"→"屏幕显示"→"飞行信息"命令，如

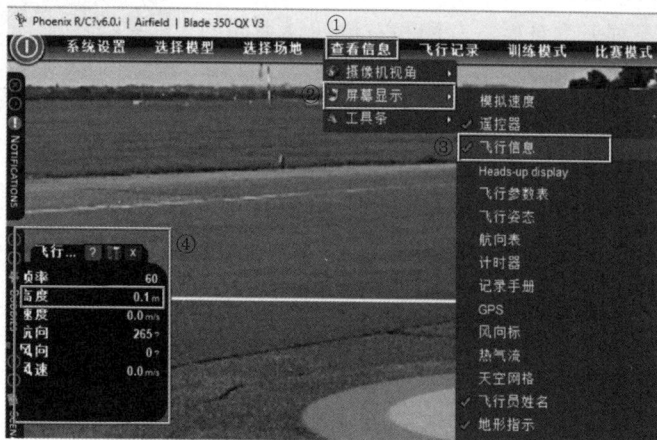

图 4-6　屏幕显示飞行信息

图 4-6 所示，便可以在屏幕上显示飞行信息，包括无人机的实时飞行高度、速度、航向，以及环境中的风速和风向等数据，有助于新手直观地了解无人机的离地高度。

参照表 4-2 所列参数进行降落训练。

表 4-2　模拟降落训练任务记录

无风降落训练	无侧风		离地高度				
			5m	4m	3m	2m	1m
	飞机姿态	对尾					
侧风降落训练	离地高度 5m		侧风速度				
			2m/s	4m/s	6m/s	8m/s	10m/s
	飞机姿态	对尾					

　　每次进行模拟降落训练前，打开飞行记录器进行录制，并在练习后观看飞行记录，填写飞行记录表，以此来不断调整和完善降落操作。

　　在有风的实际情况下，无人机起飞和降落的轨迹通常不会是完全垂直的。因此，为了实现定点降落，无人机操控人员需要在降落的过程中及时调整无人机的姿态。这需要轻微调整副翼舵面，以稳定无人机的姿态，同时尽量保持垂直下降，以便精准降落到预定位置。

三、悬停训练

　　在进行悬停训练之前，首先要仔细观察模拟器中的无人机模型，并在静态状态下切换不同的姿态，以区分机头和机尾。选择"选择模型"→"更换模型"命令，进入无人机模型选择界面。以 Blade350-QX 四旋翼无人机为例，两个红色螺旋桨对应的是无人机的尾部，如图 4-7 中所示，此时的姿态就是对尾姿态。在界面的右下角有四个小按钮，分别代表对头、对尾、左侧和右侧四种不同的视角，可以通过单击这些按钮切换查看。在无人机飞行过程中，只有当机头朝向目标方向时，前进、后退、左转和右转等操作指令才会被准确执行。如果发现机头偏离了目标方向，要及时悬停，并在原地进行转向操作，调整机头指向正确的前进方向，然后继续执行飞行操作。

图 4-7　观察无人机模型的姿态

　　悬停是无人机飞机中的一项基本且必要的技能。悬停状态下，无人机可以在空中保持固定的位置，便于测绘或实现稳定拍摄，且在狭小或复杂的空间中，悬停状态能确保无人机操控人员更安全地控制无人机，避免飞行中有意外情况发生。因此，悬停训练是无人机飞行训练中不可或缺的重要部分。根据表 4-3 所列参数进行下列八位悬停训练。

　　在悬停训练过程中，为了保持无人机不偏离航向，需要通过升降舵和副翼舵来控制无人机的姿态。由于不同姿态下舵位的调整方式各异，因此在完成以上练习后，无人机操控人员还需要增强对无人机控制的方位感。这包括填写飞行记录表，记录训练中的感受和发现，以及在训练后与他人分享和交流经验，从而提升飞行技能和对无人机控制的理解。

表 4-3　模拟悬停训练任务记录

悬停训练	无侧风 离地高度 2m		悬停时长				
			3s	6s	9s	12s	15s
	飞机 姿态	对尾					
		对头					
		左侧					
		右侧					
		对尾左 45°					
		对尾右 45°					
		对头左 45°					
		对头右 45°					

任务评价

　　四旋翼无人机的起飞、降落和悬停是无人机飞行和操控技术中最基础的内容。这些技能不仅为掌握更复杂的航线飞行和操控技术打下坚实的基础，也是对摇杆基本操作熟悉程度的重要检验。在完成课堂上的模拟练习后，对照本任务的内容，完成表 4-4 的填写，并进行个人评价分析。

表 4-4　无人机模拟起降悬停训练任务评价

班级				姓名		
评价题项	素养指向	优秀（10 分）	良好（6~9 分）	一般（0~5 分）		得分
查询信息	技能	熟悉无人机相关网站资源的获取与信息查询方式	能够通过百度等搜索网站查询	仅知道相关论坛		
获取资讯途径	技能	熟练通过微博、公众号等多种途径高效搜索资讯	通过无人机论坛了解	仅从搜索网站了解		
熟悉摇杆四通道	知识	熟悉"美国手"操作模式下摇杆四通道的作用	了解摇杆的四个通道	仅了解摇杆的推拉操作		
记录飞行情况	学习习惯	能使用模拟器中的飞行记录器记录练习情况并查看	能记住飞行的过程和大致情况	对飞行情况没什么记录手段和习惯		
调整无人机姿态	技能	在起飞、降落，特别是悬停过程中，能好地调整无人机姿态，保持航线	基本能够保持无人机不发生很大的晃动和偏航	较难控制无人机姿态，容易晃动，常发生偏航		
小组合作	合作	小组分工明确，交流充分，合作愉快	小组有分工，但分工不均	每个成员做自己的事，交流少		
自主学习	学习习惯	课前预习并观看无人机起降的视频和微课，对无人机组成有个人见解	观看无人机起降的视频和微课，但无个人见解	在教师催促下观看视频和微课		

（续）

评价题项	素养指向	优秀（10分）	良好（6~9分）	一般（0~5分）	得分
PPT/思维导图总结	知识	知识点总结内容丰富，观点明确	知识点总结图文结合，但缺少观点表达	知识点总结内容简单，仅有图片或少许文字	
学习心得					
教师评价					

拓展任务

完成基本的起飞和降落的训练后，接下来可以尝试固定地点起降，这就要求在整个起降过程中精准操控副翼舵，及时调整无人机的位置，确保其飞行轨迹垂直于地面。

无人机固定地点起降训练的具体要求如下：

1）在无风状态下，选择"选择场地"→"场地布局"→"F3C方框"命令，在场地界面上会显示红黄绿三圈同心圆的F3C方框场地图，如图4-8所示。从红色小圈的中心位置起飞，上升至5m的高度，保持姿态5s后，降落在绿色大圈内，并逐步将降落地点的范围缩小到黄色中圈和红色小圈内。

图4-8　选择场地布局打开F3C方框

2）在掌握八位悬停方法的基础上，可以尝试让无人机实现自转一周练习，具体操作要求如下：将无人机稳定悬停在2m的高度，然后使无人机围绕自身的中心点沿顺时针方向和逆时针方向分别旋转一周，最后实现安全定点降落。在自转过程中，保持无人机的悬停高度不变，旋转速度约为90°/s。同时，确保无人机的姿态在整个自转过程中保持稳定，不发生大幅晃动。整个自转动作控制在绿圈范围。

任务二　无人机小航线飞行训练

任务情境

小飞通过不断练习，已经能够平稳地完成无人机的起飞和降落，并且在有风的条件下也能实现无人机的低空悬停。但是实际飞行中会涉及更多复杂的航线变化。只有将起落动作与航线飞行结合起来，才能真正为实际飞行打好基础。在本项目中的飞行训练中，主要是进行固定线路的小航线飞行训练，包括慢速水平360°航线和正方形绕桩航线并在中心点定点起落。本任务以凤凰模拟器及Blade350-QX四旋翼无人机为例。

知识链接

在进行小航线飞行训练前，需要在凤凰模拟器中进行场地布局和摄像机视角的调整。为了在训练初级阶段更好地寻找地面标定，可将场地布局设置为F3C方框，如图4-9所示。

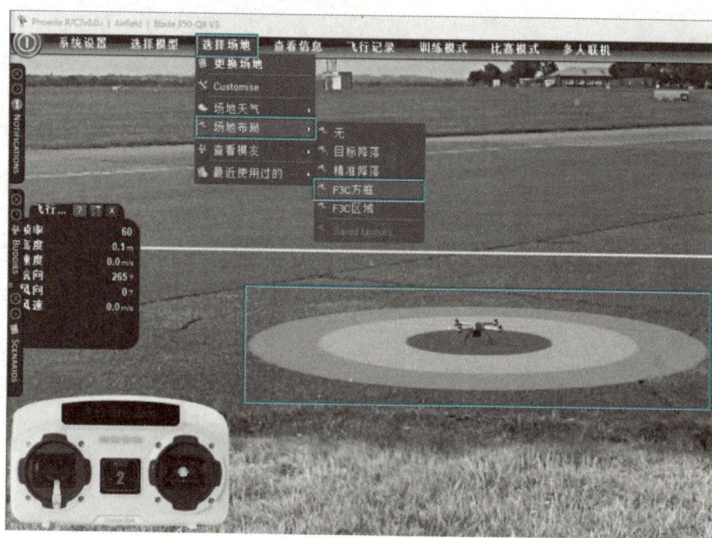

图4-9　场地布局设置为F3C方框

同时在摄像机视角设置中选择"自动缩放""放大小型模型""普通"选项，如图4-10所示。

再次检查遥控器的连接情况，并将所有摇杆的位置置于中位，将左侧油门摇杆拉到底。

选择"查看信息"→"屏幕显示"命令，选择"遥控器""飞行信息""飞行姿态"等选项，如图4-11所示，便于在较远视距情况下也能清晰查看无人机的飞行姿态，在无人机飞行过程中及时调整航线方向。

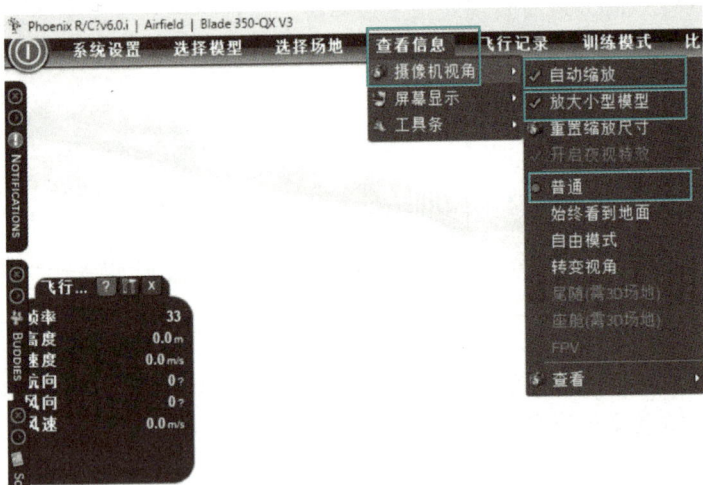

图 4-10　调整摄像机视角

图 4-11　显示飞行姿态

任务实施

　　小飞在学习无人机飞行技能时，欣赏过很多令人印象深刻的无人机摄影和摄像作品。这些作品中，有些能够全景呈现景观，有些借助无人机的航线设计，呈现场景中最有特色的某一个方向，还有些通过定点的起飞和降落捕捉一飞冲天的震撼画面。

　　老师向小飞解释道，这些作品的创作其实并不需要复杂的技巧，只需借助一些基础的小航线飞行练习即可实现。掌握各种小航线飞行技巧并综合运用，便能实现更复杂的航线飞行，从而拍摄出更好的无人机摄影和摄像作品。

　　小航线飞行训练任务的执行过程如下。

一、慢速水平 360°航线

慢速水平 360°也称环绕飞行或圆环飞行，是指无人机围绕一个中心点进行 360°的全景环绕飞行。此航线训练的要点是：在对尾悬停的基础上，通过调整俯仰和副翼，改变无人机的前进方向，实现环绕飞行的效果。此航线的训练难点在于：调整副翼的稳定性，如果对副翼摇杆有大幅推拉动作，容易导致无人机方向不稳定，产生大幅变向，这在实际飞行中极易引起无人机的姿态失衡；从而引发飞行事故。另外，在有环境风或气流影响的实际飞行中，还需要根据无人机的实际姿态微调副翼进行补偿，以保持飞行平稳。

无人机模拟器慢速水平360°航线和正方形绕桩航线飞行训练

慢速水平 360°航线飞行训练任务记录见表 4-5，每次都以对尾姿态起飞，在 5m 的高度悬停后，实现沿顺时针方向和逆时针方向的慢速水平 360°飞行训练。在整个训练过程中，无人机的飞行范围不可超出 F3C 区域，并能保持姿态平稳，避免发生飞行事故。在整个训练过程中，要打开飞行记录器进行录制，并在训练结束后，观看飞行记录，填写飞行记录表，以便于分析和改进飞行技巧。

表 4-5　慢速水平 360°航线飞行训练任务记录

沿顺时针方向的慢速水平 360°飞行	飞行高度 5m		完成时间				
			第 1 次	第 2 次	第 3 次	第 4 次	第 5 次
	起飞姿态	对尾					
沿逆时针方向的慢速水平 360°飞行	飞行高度 5m		完成时间				
			第 1 次	第 2 次	第 3 次	第 4 次	第 5 次
	起飞姿态	对尾					

二、正方形绕桩航线

在进行正方形绕桩航线的飞行练习时，需要无人机操控人员将无人机悬停在特定高度后，绕过一系列的桩子或障碍物。在此过程中，无人机操控人员需要运用操控技巧，不断调整无人机的飞行方向和速度，以避免撞击桩子或障碍物。这项练习旨在锻炼无人机操控人员的反应速度、操控能力和决策能力，帮助他们在紧急情况下做出更好的应对，是提高无人机操控人员技能、技巧和决策能力的重要训练之一。

如图 4-12 所示，无人机操控人员每次从 F3C 方框中心的红圈内，以对尾姿态起飞，调整方向为对尾左 45°后，直线飞行至第一个桩侧；然后调整飞行方向，并从 F3C 方框外侧依次绕行至其他三个桩，每次到达桩侧时都要进行方向调整。在完成一圈正方形绕桩航线飞行后，无人机操控人员需将无人机飞回 F3C 方框中心并平稳降落在圈内。

绕桩飞行的难点主要在于调整方向和避免碰撞。对于调整方向，建议新手在练习时先将无人机悬停，再进行方向的调整。调整好新方向后，轻推方向舵，即使方向有偏差，也还有调整的空间。对于避免碰撞，每次靠近桩侧时要注意降低速度，微调副翼。即使在模拟训练中，也应避免碰撞，这有助于为实际操作飞行打下良好的技术基础，并树立安全飞行的意识。

正方形绕桩航线飞行训练任务记录见表 4-6。

图 4-12　正方形绕桩航线飞行训练的飞行姿态、航向表等信息

表 4-6　正方形绕桩航线飞行训练任务记录

沿顺时针方向绕桩	飞行高度5m	完成时间				
		第1次	第2次	第3次	第4次	第5次
	飞机姿态	对尾				
沿逆时针方向绕桩	飞行高度5m	完成时间				
		第1次	第2次	第3次	第4次	第5次
	飞机姿态	对尾				
有侧风绕桩(顺)	飞行高度5m	完成时间				
		第1次	第2次	第3次	第4次	第5次
	飞机姿态	对尾				
定点降落	落点精度统计	红圈内/次		黄圈内/次	绿圈内/次	绿圈外/次

在整个训练过程中，要打开飞行记录器进行录制，并在训练结束后观看飞行记录，填写飞行记录表，以便回顾和分析飞行表现。

通过正方形绕桩航线训练，无人机操控人员可以更好地掌握无人机姿态的调整技巧。在桩侧位置要特别关注方向舵和副翼两个通道的操作，以保证安全绕桩、避免碰撞。通过大量的训练，无人机操控人员能够掌握在无人机姿态方向不同的情况下，不同舵位的操作要领，为后续多通道混合的飞行训练打好基础。

三、结合航线的定点起降训练

在小航线飞行训练中，无人机会呈现多种不同的飞行姿态和方向，这需要无人机

无人机模拟器结合航线的定点起降飞行训练

操控人能够迅速做出准确的方向判断，并根据机头位置调整飞行方向。另外，无人机在飞行过程中随时被召回并在指定地点安全降落，是实际飞行中的一项关键的应急技能。当无人机因环境变化或电量不足等突发因素而需要紧急返航时，无人机操控人员必须在最短时间内控制无人机迅速返回并安全降落到指定地点。因此，训练在不同飞行状态下及时返航并完成定点降落的操作至关重要。

　　在实际操控无人机降落时，选择合适的降落地点，控制降落时的速度和角度都有一定的要求。这些要求因无人机的类型、结构和执行的任务内容而有所区别。以下是无人机降落的一般要求：

　　1）降落要缓慢。在降落无人机时，应保持缓慢的速度，以确保无人机可以安全、平稳地着陆。这需要无人机操控人员根据无人机的类型和结构来调整降落速度。

　　2）角度要合适。在降落无人机时，保持合适的角度至关重要。在理想情况下，无人机应以接近水平的角度接触地面，以减少对无人机的冲击和对地面的损害。

　　3）考虑风向和风速。风向和风速可能对无人机的降落产生影响。如果风向与无人机的着陆方向相反，那么无人机需要更大的动力实现着陆。如果风速很大，那么无人机可能会受到更大的影响，导致其无法精准着陆。

　　4）避开障碍物。在选择降落点时，应确保没有障碍物（如建筑物、树木、电线等）阻碍无人机的降落。否则，这些障碍物可能会妨碍无人机的精准确着陆，甚至会导致无人机的损坏。

　　5）考虑地形和环境。在不同的地形和环境中，无人机也需要不同的降落速度和角度。例如，在较软的土地上降落可能需要更慢的速度，而在较硬的地面上降落可能需要更快的速度。根据实际情况的不同，可以在模拟器中单击"选择场地"→"场地布局"，并选择"精准降落"类型的场地布局，如图4-13所示。

图4-13　选择场地布局，打开精准降落

　　总之，无人机能否安全降落取决于多种因素，包括天气条件、地形特点、无人机类型等。因此，无人机操控人员应根据具体情况，选择合适的降落地点，并对无人机的飞行速度和着陆角度进行合理控制，以确保无人机能够安全、平稳地着陆。

结合前面任务中学习的几种小航线飞行训练，可进一步巩固并提高这些技能。在靠近起飞点的位置进行定点降落的训练，有助于提升实际飞行中定点起降的操控能力。具体内容见表 4-7。

表 4-7　结合航线的定点起降任务记录

结合航线的定点起降训练		起飞地点 F3C 场地红圈内	降落地点（在实际降落地点处打勾）				
			红圈内	黄圈内	绿圈内	方框内	方框外
	小航线	沿顺时针方向的慢速 360° 航线					
		沿逆时针方向的慢速 360° 航线					
		沿顺时针方向的正方形绕桩航线					
		沿逆时针方向的正方形绕桩航线					
		有侧风的沿顺时针方向的正方形绕桩航线					
		有侧风的沿逆时针方向的正方形绕桩航线					

在模拟器中进行飞行训练也要避免发生坠机等重大安全事故。即使无法精准降落在指定地点，无人机操控人员也要选择安全的地点，确保无人机平稳降落。通过大量的模拟起降练习，无人机操控人员可以进一步体会思考，形成对无人机方位感的控制，逐步实现精准降落。每次训练结束后，无人机操控人员都要观看飞行记录，填写飞行记录表，有助于积累经验，并在训练后进行分享和交流，从而不断提高飞行技能和安全意识。

任务评价

小航线飞行训练能帮助无人机操控人员提升单通道操作的熟练度和精准度，为后续掌握更复杂的航线飞行中所需多通道混合操控技术打好基础，也为实际飞行操作做好准备。在完成课堂上的小航线飞行训练后，对照本任务的内容，完成表 4-8 的填写，并进行个人评价分析。

表 4-8　无人机小航线飞行训练任务评价

班级			姓名			
评价题项	素养指向	优秀（10 分）	良好（6~9 分）	一般（0~5 分）		得分
查询信息	技能	熟悉无人机相关网站资源的获取与信息查询方式	能够通过百度等搜索网站查询	仅知道相关论坛		
获取资讯途径	技能	熟练通过微博、公众号等途径高效搜索资讯	通过无人机论坛了解	仅从搜索网站了解		
熟悉单通道作用	知识	熟悉每个通道的作用，并能根据实际情况进行多通道混合操控	了解摇杆四个通道的作用	仅了解摇杆的推拉操作内容		
记录飞行情况	学习习惯	能使用模拟器中的飞行记录器记录并查看训练情况	能记录飞行过程	没有记录飞行情况		

（续）

评价题项	素养指向	优秀（10分）	良好（6~9分）	一般（0~5分）	得分
掌握航线飞行技巧	技能	在航线飞行过程中，保持无人机安全起降和平稳飞行，不发生事故	在航线飞行过程中基本保持无人机不发生很大的晃动和碰撞	较难控制无人机姿态，在航线飞行过程中无人机常发生偏航	
小组合作	合作	小组分工明确，交流充分，合作愉快	小组有分工，但分工不均	每个成员做自己的事、交流少	
自主学习	学习习惯	课前预习并观看无人机航线飞行的视频，对无人机的小航线飞行技巧有个人见解	观看无人机航线飞行的视频，但无个人见解	在教师催促下观看视频和微课	
PPT/思维导图总结	知识	知识点总结内容丰富，观点明确	知识点总结图文结合，但缺少观点表达	知识点总结内容简单，仅有图片或少许文字	
学习心得					
教师评价					

拓展任务

在完成以上小航线的飞行训练后，可以进一步尝试垂直方向的航线练习，例如垂直矩形和垂直三角形航线的练习。具体操作步骤如下：

1）在无风状态下，选择场地布局中的 F3C 方框，从红色小圈的中心位置起飞。起飞后，将无人机升至 1m 的高度，向前方平移 5m，保持高度不变，然后垂直上升 4m 后悬停，并向后方平移 10m，继续保持高度不变，垂直下降 4m 后再向前平移 5m，最后从 1m 的高度缓慢下降，安全返回至起飞点。具体航线如图 4-14 所示。

2）在无风状态下，选择场地布局中的 F3C 方框，从红色小圈的中心位置起飞。起飞后，将无人机升至 1m 的高度，向前方平移 5m，保持高度不变，然后后退上升至 4m 后悬停，此时的垂直位置应居于红圈上方，再后退下降至 1m 后悬停，并向前方平移 5m，最后从 1m 的高度缓慢下降，安全返回至起飞点。具体航线如图 4-15 所示。

垂直方向上的航线训练在模拟器中通常以第三人称视角进行，这种视角可能会导致视觉差，从而容易引起航线的偏移。因此在进行垂直上升和下降的过程中，无人机操控人员需要通过点触副翼等技巧修正无人机的位置，以避免航线偏移和飞行过程中出现的卡顿情况。

无人机模拟器垂直方向航线的飞行训练

图 4-14　垂直矩形航线示意图

图 4-15　垂直三角形航线示意

任务三　无人机 8 字航线飞行训练

任务情境

通过前面的小航线训练，小飞对自己的无人机操控技能更加自信。在课余时间，他不仅在模拟器中不断练习八面悬停和起降操作等基础技能，还通过上一个任务的学习，较好地掌握了沿顺时针和逆时针方向慢速水平 360° 等小航线飞行技巧。现在他希望结合已经掌握的技能，尝试更复杂的航线飞行。小飞通过查阅专业论坛和其他网络资源，决定尝试水平 8 字航线的飞行。

知识链接

在正式开始水平 8 字航线的飞行训练前，在老师的指导下，小飞已经将航线的路径做了详细分解。具体来说，这个航线由两部分组成：一个是向左的沿逆时针方向的慢速水平 360°，另一个是向右的沿顺时针方向的慢速水平 360°，如图 4-16 所示，先完成左圈①，再完成右圈②。因此，可先对这两个航线进行单独练习，达标后再进行水平 8 字航线的飞行训练。特别要注意的是，在两圈的交叉点，可以做短暂的悬停，并适当纠正无人机的姿态、方向和高度。这样可将两个慢速水平 360°航线连接起来，从而完成一个完整的水平 8 字航线飞行。

图 4-16　水平 8 字航线的拆解

根据前期积累的经验，小飞在凤凰模拟器中进行了以下准备工作：选择适当的场地布局、摄像机视角和屏幕显示方式，并检查遥控器的连接情况，将所有摇杆置于中位，并将左侧油门摇杆拉到底。

任务实施

经过之前的学习，小飞已经熟练掌握了慢速水平 360°航线的飞行技巧。为了进一步提升技能，更好地进行水平 8 字航线练习，他首先要将慢速水平 360°航线的飞行半径进一步缩小。这意味着他需要提升操控的精准度，避免在飞行过程中出现卡顿现象。

一、绕桩的慢速水平 360°巩固练习

在 F3C 场地内，以正方形的左前桩为圆心，进行第一个沿逆时针方向的慢速水平 360°航线练习。飞行半径不得超过正方形场地边长的一半。

开始训练时，从 F3C 场地中心的红圈内，以对尾姿态起飞。在升至 2m 的高度后悬停片刻，然后匀速缓慢地轻推升降舵，控制前进速度，并适当使用副翼来控制飞行姿态。在巩固练习过程中，务必打开飞行记录器，并在课后观看飞行记录，填写飞行记录表（表 4-9），以便分析和总结经验。

表 4-9　绕桩的慢速水平 360°巩固训练任务记录

飞行半径小于 4m	飞行高度 2m		完成时间				
			第 1 次	第 2 次	第 3 次	第 4 次	第 5 次
	起飞姿态	对尾					
飞行半径小于 3m	飞行高度 2m		完成时间				
			第 1 次	第 2 次	第 3 次	第 4 次	第 5 次
	起飞姿态	对尾					
飞行半径小于 2m	飞行高度 2m		完成时间				
			第 1 次	第 2 次	第 3 次	第 4 次	第 5 次
	起飞姿态	对尾					

完成以上巩固练习后，再以相同的方法进行绕右后桩的沿顺时针方向的慢速水平 360°航线巩固练习。

二、慢速水平 8 字航线飞行训练

在完成两个方向的绕桩慢速水平 360°航线的巩固练习后，小飞先完成向左的第一圈飞行训练，将无人机短暂悬停在自己的正前方，即 F3C 场地中心圈位置，并做适当的姿态纠正，然后完成向右的第二圈飞行，这两圈飞行轨迹合在一起就构成了一个完整的慢速水平 8 字航线。

除了慢速水平 360°的基础练习外，水平 8 字航线的飞行难点主要在于保持飞行高度的同时，掌控无人机的俯仰、横滚和偏航。任何微小的偏差都可能导致无人机航线的偏离。因此在练习中匀速推杆（控制好飞行速度）十分重要。只有通过大量的模拟飞行练习，熟悉无人机的姿态变化，才能真正掌握好水平 8 字航线的飞行技巧。

慢速水平 8 字航线飞行训练内容见表 4-10。

表 4-10　慢速水平 8 字航线飞行训练任务记录

左顺右逆	单圈半径 3m		完成时间				
			第 1 次	第 2 次	第 3 次	第 4 次	第 5 次
	起飞姿态	对尾					
左逆右顺	单圈半径 3m		完成时间				
			第 1 次	第 2 次	第 3 次	第 4 次	第 5 次
	起飞姿态	对尾					
右顺左逆	单圈半径 3m		完成时间				
			第 1 次	第 2 次	第 3 次	第 4 次	第 5 次
	起飞姿态	对尾					

无人机模拟器8字航线飞行训练

（续）

右逆左顺	单圈半径 3m	完成时间				
		第 1 次	第 2 次	第 3 次	第 4 次	第 5 次
	起飞姿态　对尾					

　　在每次练习前，打开飞行记录器，并在训练结束后观看飞行记录，填写飞行记录表。在确保左右单圈的飞行半径基本一致且飞行平稳后，可以尝试适当加快飞行速度，并保持无人机的姿态平稳。

三、侧风状态下的水平 8 字航线训练

　　通过前面的任务我们已经体验了有侧风状态下控制无人机起降和悬停的方法。侧风的加入会影响无人机的航向，特别是在复杂航线中，这对无人机操控人员的操控技巧提出了更高的要求。在水平 8 字航线飞行过程中，由于无人机的飞行方向不断变化，因此在固定侧风条件下，无人机操控人员需要根据机头位置和前进方向，合理微调副翼，以稳定航向使其不发生偏移。如果无法快速调整好，将会导致航线偏离或是更严重的飞行事故。

　　凤凰模拟器提供了丰富的天气设置选项，允许用户在默认设置的基础上调节基准风速、风向，阵风风速、风向，阵风的频率、热气流强度、涡流和热气流持续等参数，以便真实模拟各种天气情况。除了可以自定义参数外，在模拟器中还可以选择系统提供的晴天、小风、强风等预设天气情况，如图 4-17 所示。

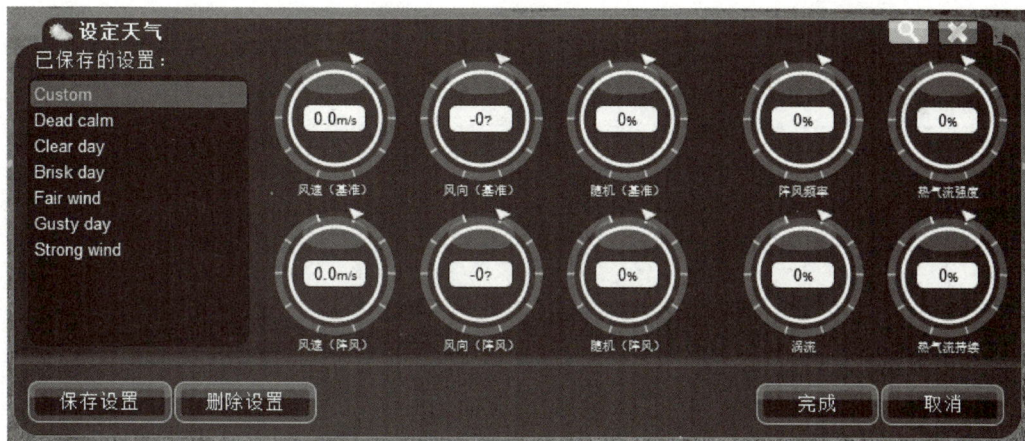

图 4-17　在凤凰模拟器中设置天气参数

　　结合之前的水平 8 字航线训练，根据自身技能掌握情况，建议在 4 级（5.5～7.9m/s）以下风速条件下，尝试进行水平 8 字航线的飞行训练，并尽量保证无人机飞行姿态的稳定，以确保航线的准确性和飞行过程的安全性。具体操作要求见表 4-11。

　　对于能顺利完成以上飞行任务的同学，可以尝试自定义其他天气参数，体验在恶劣天气条件下进行水平 8 字航线的飞行训练。通过大量的模拟练习，可以提升对无人机方位的控制水平，为日后的实际飞行打下良好基础。在每次训练结束后，观看飞行记录，并填写飞行记录表，将积累的经验与他人进行分享和交流。

表 4-11　侧风状态下的水平 8 字航线训练任务记录

侧风情况		单圈飞行半径(如顺利完成,在对应半径处记录完成时间(单位为 s),未完成则画"×")		
		半径 5m	半径 4m	半径 3m
固定风向	风速 0.5m/s			
	风速 1.0m/s			
	风速 1.5m/s			
	风速 2.0m/s			
	风速 2.5m/s			
	风速 3.0m/s			
	风速 3.5m/s			
	风速 4.0m/s			

任务评价

　　通过以上的飞行训练,可以有效帮助无人机操控人员掌握各通道的混合操控技术,并且能够应对常规的侧风环境飞行。这为无人机操控人员完成复杂的航线飞行和日后的实际飞行打下了良好的技能基础。在完成课堂上的无人机 8 字航线飞行训练后,对照本任务的内容,完成表 4-12 的填写,并进行个人评价分析。

表 4-12　无人机 8 字航线飞行训练任务评价

班级			姓名		
评价题项	素养指向	优秀(10 分)	良好(6~9 分)	一般(0~5 分)	得分
查询信息	技能	熟悉无人机相关网站资源的获取与信息查询方式	能够通过百度等搜索网站查询	仅知道相关论坛	
获取资讯途径	技能	熟练通过微博、公众号等途径高效搜索资讯	通过无人机论坛了解	仅从搜索网站了解	
熟悉多通道混合操控技术	技能	熟悉每个通道的作用,并能根据实际情况进行多通道混合操控	了解多个通道的作用,仅能进行单一通道操作	仅了解单一通道摇杆的推拉操作	
记录飞行情况	学习习惯	能使用模拟器中的飞行记录器记录并查看练习情况	能记录飞行过程	没有记录飞行情况	
掌握航线飞行技巧	技能	在航线飞行过程中,保持无人机安全起降和平稳飞行,不发生事故	在航线过程中基本保持无人机不发生很大的晃动和碰撞	较难控制无人机姿态,在航线飞行过程中无人机常发生偏航	

（续）

评价题项	素养指向	优秀(10分)	良好(6~9分)	一般(0~5分)	得分
小组合作	合作	小组分工明确,交流充分,合作愉快	小组有分工,但分工不均	每个成员做自己的事,交流少	
自主学习	学习习惯	课前预习并观看无人机航线飞行的视频,对无人机的小航线飞行技巧有个人见解	观看无人机航线飞行的视频,但无个人见解	在教师催促下观看视频和微课	
PPT/思维导图总结	知识	知识点总结内容丰富,观点明确	知识点总结图文结合,但缺少观点表达	知识点总结内容简单,仅有图片或少许文字	
学习心得					
教师评价					

拓展任务

在完成水平 8 字航线的飞行训练后，无人机操控人员可以尝试凤凰模拟器中的趣味比赛模式，根据比赛的具体要求，运用飞行技巧，测试自己能闯过几关。以刺气球比赛为例，选择单人挑战模式，场地中将随机出现气球和所在方位的提示。无人机操控人员先根据视距判断气球的准确高度和位置，然后操控无人机找到气球并将其刺破。只有成功完成当前关卡的挑战，才能进入下一关，而难度也将随之加大。具体比赛流程如图 4-18~图 4-20 所示。

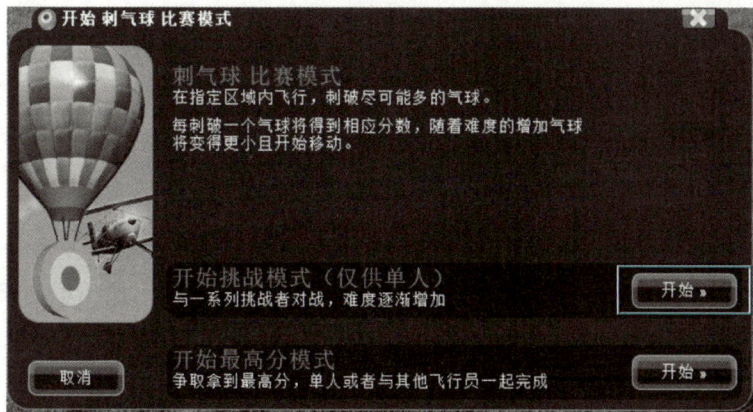

图 4-18　选择刺气球比赛的单人挑战模式

图 4-19　场地中将随机出现气球

图 4-20　刺破气球挑战成功

在凤凰模拟器中除了已经体验过的刺气球趣味比赛，还有其他有趣的比赛模式。通过趣味比赛，可提升飞行技巧，快尝试完成所有挑战吧！

项目小结

通过本项目的练习，无人机操控人员在模拟器中能够熟练地完成遥控器校准、场地和环境设置等关键操作，结合各项任务要求，无人机操控人员完成了大量模拟起降和悬停训练、小航线飞行训练及 8 字航线飞行训练。这些训练帮助无人机操控人员基本掌握了在不同地形和环境条件下的实飞模拟技能。每次飞行任务结束后，无人机操控人员都可以通过观看录制的模拟飞行视频进行操作复盘，从而积累了较为丰富的飞行经验。对于飞行中可能出现的突发情况，无人机操控人员也具备了一定的应对能力，因此可以进入实际飞行练习的阶段。

项目练习

一、单项选择题

1. 在凤凰模拟器中校准遥控器时，上下推拉左侧摇杆，对应是（　　）的调整。

A. 方向　　　　　B. 油门　　　　　C. 俯仰　　　　　D. 横滚

2. 在遇到风力非常强的情况时，应（　　）以确保无人机安全。

A. 加速飞行以抵抗风力　　　　　B. 逆风飞行以减小风的影响

C. 立即降落至地面　　　　　D. 保持当前高度，原地悬停

3. 在凤凰模拟器中，选择"查看信息"→"屏幕显示"命令后，（　　）无法显示在屏幕中。

A. 飞行姿态　　B. 填空网格　　C. 航行高度　　D. 飞行员姓名

4. 关于无人机的降落操作，以下描述是正确的是（　　）。

A. 直接飞向地面，触地后完成降落

B. 按下降落键，无人机自动降落至地面

C. 将无人机悬停在指定高度，轻推操纵杆使飞机缓慢触地

D. 在飞行过程中，不需要进行任何操作，无人机自动降落

5. 在凤凰模拟器中，（　　）命令可以查看无人机的当前高度和速度。

A. 飞行信息　　B. 记录手册　　C. 热气流　　D. 飞行姿态

6. 在慢速水平 360°航线飞行训练中，在对尾悬停的基础上，通过调整俯仰和（　　），可以改变无人机的前进方向，实现环绕飞行的效果。

A. 翻滚　　　　　B. 油门　　　　　C. 副翼　　　　　D. 横滚

7. 以下关于凤凰模拟器中练习的描述，正确的是（　　）。

A. 在模拟器中的飞行操作与实际飞行有较大的差异，模拟练习只是玩游戏

B. 在模拟器中只能模拟摇杆的通道操作，无法模拟场地情况和环境风等

C. 在模拟器中进行飞行练习也要注意避免碰撞，树立安全飞行的意识

D. 在模拟器中进行降落练习可以随意在任何地点降落，没有安全隐患

8. 关于无人机的电池管理，以下描述正确的是（　　）。

A. 电池充满电后可以持续使用 2h

B. 每次飞行前都需要检查电池的剩余电量

C. 当电量低于 20%时，无人机会自动返回充电站

D. 无人机的电池没有寿命限制

9. 关于有侧风情况下的模拟飞行，以下说法不正确的是（　　）。

A. 根据无人机的飞行姿态和风向，随时进行多通道综合调节

B. 在遇到风力非常强的情况时，要立即安全降落至地面

C. 在有侧风的情况下，要将无人机的方向调整为对头悬停，更有利于无人机操控人员调整无人机的前进方向

D. 向与风向，相往反的方向快速推动方向摇杆，以抵抗风力影响

10. 在操纵摇杆时，正确的姿势是（　　）。

A. 将拇指放在操纵杆的杆顶上，同时用食指来扶住操纵杆的侧面

B. 将食指放在操纵杆的杆顶上，同时用拇指来扶住操纵杆的侧面

C. 用食指和拇指一起放在操纵杆的侧面，不放在杆顶上

D. 用食指和拇指一起放在杆顶上，无须扶住操纵杆的侧面

二、填空题

1. 在模拟飞行前，务必将左侧油门摇杆拉到＿＿＿＿＿＿＿＿（这里以"美国手"为例），养成良好的飞行习惯，避免无人机失控。

2. 慢速水平360°也称＿＿＿＿＿＿＿＿，是指无人机围绕一个中心点进行360°的全景环绕飞行。

3. 绕桩飞行的难点主要有两个：一是转向的调整，二是避免＿＿＿＿＿＿＿＿。

4. 理想情况下，无人机应以＿＿＿＿＿＿＿＿的角度接触地面，以减少对无人机的冲击和对地面的损害。

5. 可以将水平8字航行分解为一个向左的沿逆时针方向的慢速水平360°和一个向右的＿＿＿＿＿＿＿＿慢速水平360°。

三、判断题

1. 在凤凰模拟器中进行模拟飞行前，需要先对遥控器进行校准。（　　）

2. 在凤凰模拟器中可以进行无人机安全飞行理论知识的学习。（　　）

3. 在航线飞行训练过程中，无人机可以适当悬停，调整姿态稳定后继续航线飞行。（　　）

4. 无人机在进行水平8字航线飞行时，整个过程都会保持对尾姿态。（　　）

5. 与无人机的飞行过程相比，起飞和降落过程是事故更易发生的阶段。（　　）

四、操作题

1. 请在凤凰模拟器中，选择Blade350-QX四旋翼无人机，完成一次侧风4m/s状态下的定点起飞和降落任务。

2. 请在凤凰模拟器中，选择任一型号的四旋翼无人机，完成一次慢速水平8字航线飞行。

项目五 无人机室内飞行训练

项目介绍

无人机室内飞行训练是衔接模拟器飞行和外场飞行的一种基础飞行训练，在安全的环境下进行飞前准备、起降悬停、姿态控制和小航线飞行等练习，有助于提高无人机操控人员的飞行技能，增强规范操作意识和安全意识，为后续室外复杂环境下的飞行打好基础。

任务一 无人机室内起降、升降与悬停训练

任务情境

小飞在完成无人机模拟飞行训练后，准备进行实际飞行。他发现实际飞行与模拟器飞行存在一些差异，尤其是在室外环境中，操控无人机的难度显著增加。为了提高自己操控无人机的技能水平，他决定在正式进行室外实飞前，先进行一段时间的室内飞行训练。然而，面对真实的无人机，小飞不知道应该从何入手。本项目中的飞行训练以大疆御 2 无人机为例，遵从由易到难的认知规律，将室内飞行训练分为飞前准备、起降训练、升降训练和定高悬停训练，以提高无人机操控人员的飞行技能。

知识链接

在真正操作大疆御 2 无人机起飞之前，有几个关键的知识点需要我们深入理解和掌握。

1. 摇杆模式

大疆御 2 无人机遥控器的摇杆有"美国手""中国手""日本手""自定义"四种模式，飞行前可以根据个人的操作习惯进行选择。其中的"自定义"模式是根据无人机操控人员的操作习惯自定义两侧摇杆的具体操作功能。

（1）"美国手" 大疆御 2 无人机的"美国手"摇杆模式是左侧摇杆控制无人机油门和方向，右侧摇杆控制无人机升降和副翼。在大疆御 2 无人机遥控器中具体是指遥控器左侧摇杆控制无人机的上升和下降、沿顺时针方向和沿逆时针方向旋转，右侧摇杆控制无人机前、后、左、右方向的水平飞行，如图 5-1 所示。

（2）"中国手" 大疆御 2 无人机的"中国手"摇杆模式是左侧摇杆控制无人机升降和

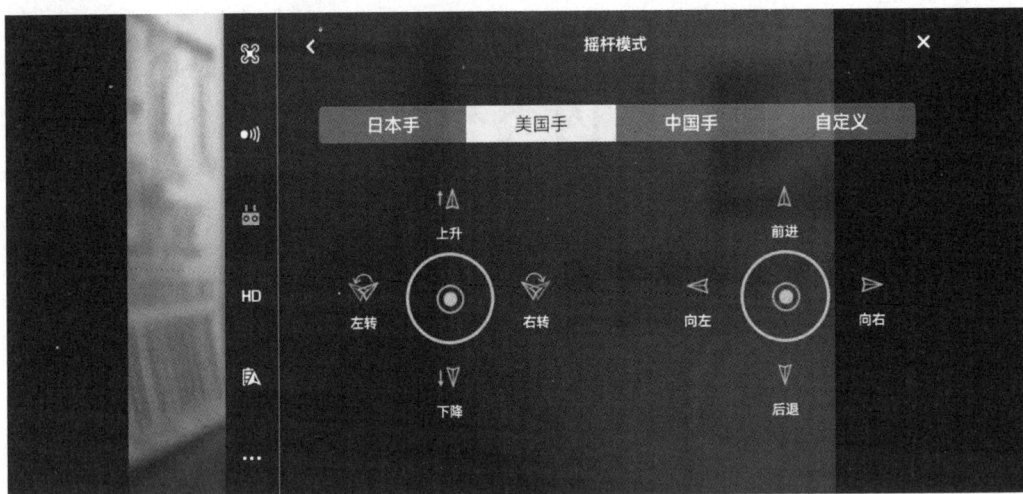

图 5-1　大疆御 2 无人机"美国手"摇杆模式

副翼，右侧摇杆控制无人机油门和方向。在大疆御 2 无人机遥控器中具体是指遥控器左侧摇杆控制无人机前、后、左、右方向的水平飞行，右侧摇杆控制无人机上升和下降、沿顺时针方向和沿逆时针方向旋转，如图 5-2 所示。

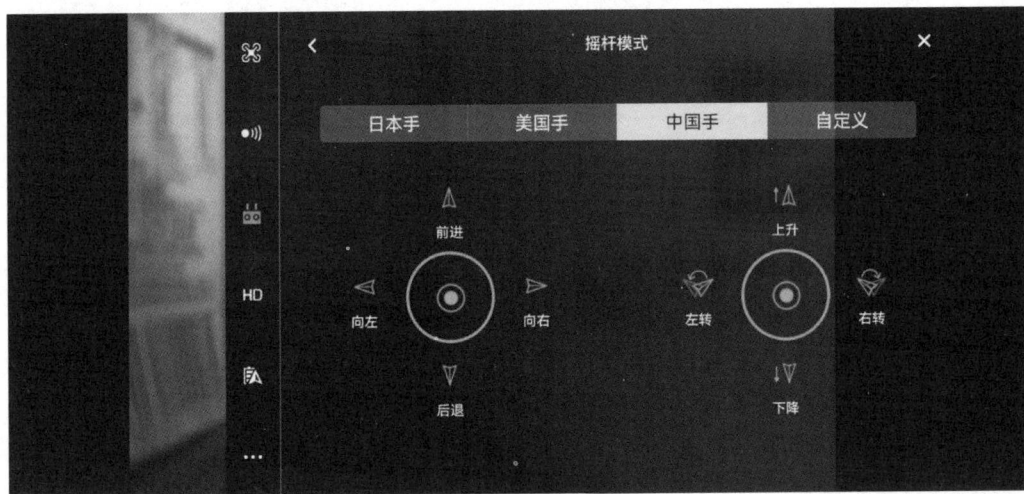

图 5-2　大疆御 2 无人机"中国手"摇杆模式

（3）"日本手"　大疆御 2 无人机的"日本手"摇杆模式是左侧摇杆控制无人机升降和方向，右侧摇杆控制无人机油门和副翼。在大疆御 2 无人机遥控器中具体是指遥控器左侧摇杆控制无人机向前和向后飞行、沿顺时针方向和沿逆时针方向旋转，右侧摇杆控制无人机上升和下降、向左和向右飞行，如图 5-3 所示。

在国内，使用"中国手"模式的无人机操控人员较少，而使用"美国手"和"日本手"模式的无人机操控人员更为普遍。许多无人机操控人员认为，相较于"日本手"，"美国手"更为简单易学，操作起来也更加舒适，因此使用"美国手"的无人机操控人员有逐渐增多的趋势。

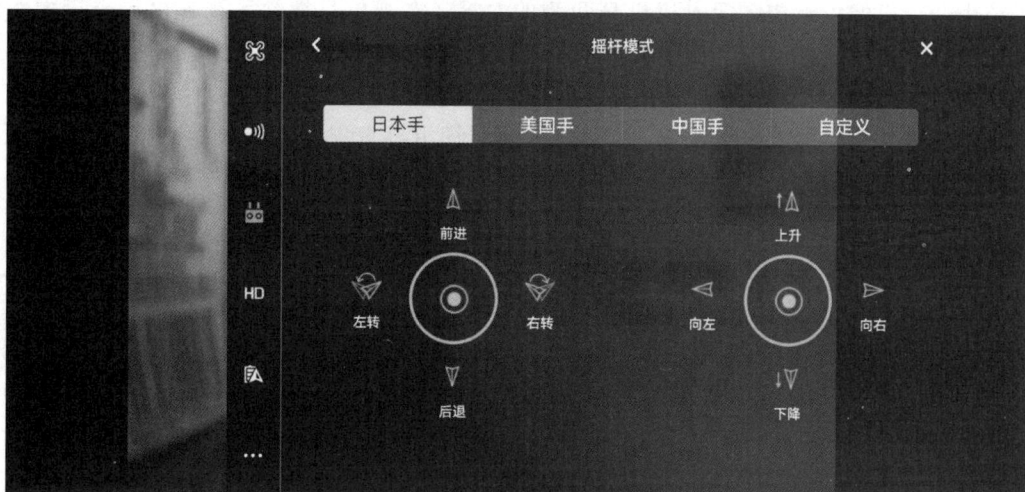

图 5-3 大疆御 2 无人机"日本手"摇杆模式

2. 飞行模式

大疆御 2 无人机支持 P 模式、S 模式、T 模式三种飞行模式。

（1）P 模式（定位） 该模式下，无人机可利用 GPS 模块、前视、后视和下视视觉系统实现精准悬停、稳定飞行、智能飞行功能等。

P 模式下，GPS 卫星信号良好时（P-GPS），利用 GPS 模块可精准定位；GPS 卫星信号欠佳，光照条件满足视觉系统需求时（P - OPTI），利用视觉系统定位。开启避障功能且光照条件满足视觉系统需求时，最大飞行姿态角为 25°，最大飞行速度为 14m/s（前视）、12m/s（后视）。

在 GPS 卫星信号较差或指南针受干扰且不满足视觉系统定位的工作条件时，无人机将进入姿态（ATTI）模式。在姿态模式下，无人机在水平方向会产生漂移并且无法启用视觉系统以及部分智能飞行模式。因此，在该模式下无人机自身无法实现定点悬停以及自主制动，应尽快将无人机降落到安全位置，避免发生事故。同时尽量避免无人机在 GPS 卫星信号差的环境和狭窄空间飞行，以免其进入姿态模式，引发飞行事故。

（2）S 模式（运动） 该模式下，无人机能使用 GPS 模块实现精准悬停。无人机的最大飞行速度将会提升至 20m/s。

当选择 S 模式时，视觉避障功能将自动关闭，无人机无法自行避障。S 模式下不支持智能飞行功能。

（3）T 模式（三脚架模式） T 模式在 P 模式的基础上限制了飞行速度，无人机的最大飞行速度、上升和下降速度均为 1m/s。该模式可使无人机的拍摄功能更加稳定地展现出来。同时，T 模式下不支持智能飞行功能。

3. 避障感知系统

大疆御 2 无人机配备了前视、后视、下视三个方向的双目视觉系统，以及左视、右视两侧的单目视觉系统和顶部、底部的红外传感系统，如图 5-4 和图 5-5 所示。这些系统为无人机提供了全方位的环境感知能力。

前视、后视、下视三个方向的双目视觉系统分别安装在无人机的头部、尾部和底部，每个系统由两个摄像头组成，无人机机身两侧的左视、右视单目视觉系统各由一个摄像头组成。这些视觉系统通过图像测距技术来感知无人机与障碍物之间的距离。此外，大疆御2无人机还配备了下视补光灯，当环境光线不足时会自动亮起，辅助下视视觉系统进行工作。顶部和底部的红外传感系统分别包含一个红外传感器模组（发射器和接收器），可以测量无人机与障碍物之间的距离。底部的红外传感系统还可以提供无人机与地面之间的高度信息，配合下视双目视觉系统计算无人机的位置信息。

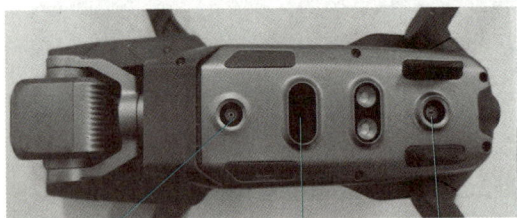

下视视觉系统　　　底部红外传感系统　下视视觉系统

图 5-4　避障感知系统（1）

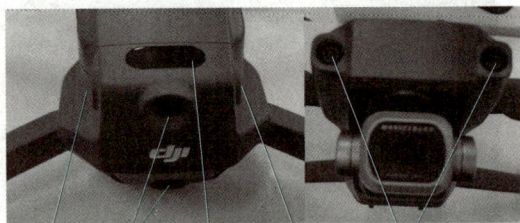

左视视　　后视视　　顶部红外　右视视　　前视视
觉系统　　觉系统　　传感系统　觉系统　　觉系统

图 5-5　避障感知系统（2）

任务实施

经过前期的学习，小飞已经掌握了模拟飞行的相关知识，并且熟练掌握了模拟飞行技能。他对大疆御2无人机的摇杆模式、飞行模式以及避障感知系统都有了一定的认知和理解，基于这些知识，小飞决定正式开始无人机的室内飞行训练，以便将理论知识转化为实际飞行技能。

一、飞前准备

无人机飞前准备包括环境检查、设备检查与安装、遥控器开机、遥控对频、参数检查与设置以及解锁与上锁等。

1. 环境检查

这是非常重要的环节，需要确认飞行环境是否安全，场地是否足够大，同时评估周围是否有障碍物，检查起飞地面是否平整，以及是否有灰尘等可能影响飞行安全的因素。

2. 设备检查与安装

设备检查与安装的内容包括云台罩的拆装、机架的安装、电量的检查以及遥控器的安装等。

3. 遥控器开机

大疆系统无人机的遥控器开机步骤基本相同，电源开关键"一次短按一次长按"即可开机。

4. 遥控对频

需要对遥控器和无人机进行对频操作，以确保无人机与遥控器能够正常通信。以大疆御2无人机为例，遥控对频有两种方法：一种是通过 DJI GO4 APP 操作对频，另一种是通过遥控器直接操作对频。

（1）通过 DJI GO4 APP 操作对频的步骤　开启遥控器和无人机后，进入 DJI GO4 APP 飞行界面，如图 5-6 所示，单击遥控器图标后选择"遥控器对频"选项，单击"确定"按钮，遥控器屏幕显示"BINDING"表示正在对频。如图 5-7 所示，使用工具按下"无人机对频"键后松开，即可完成对频。对频成功后遥控器屏幕会显示状态信息。

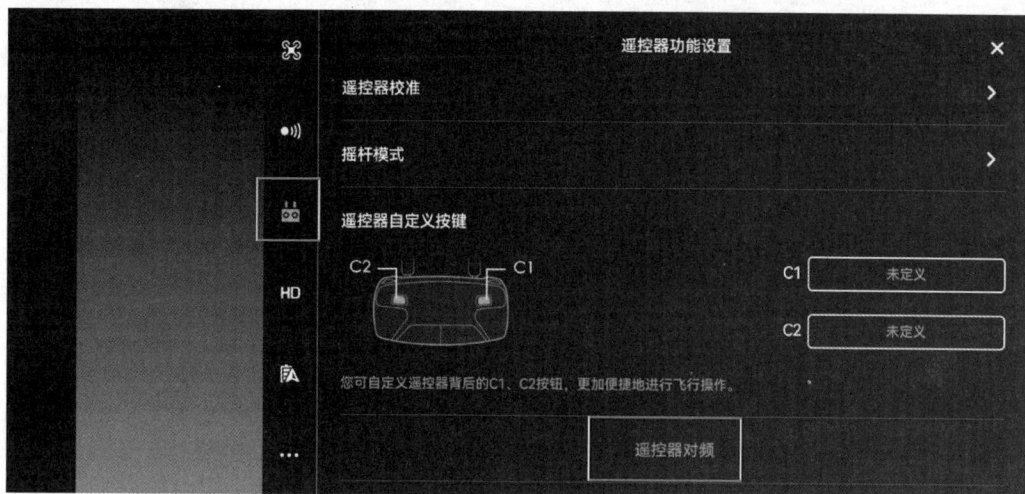

图 5-6　DJI GO4 APP 操作

（2）通过遥控器操作对频的步骤　在对频开始前，先将遥控器和无人机关闭，并将遥控器和无人机的电源插好。开启遥控器和无人机，同时按住遥控器上的 C1、C2 和录像键，直到遥控器发出"嘀……嘀嘀"的声音。松开所有按键，再按下拍照键，此时遥控器屏幕显示"BINDING"并发出有规律的"嘀嘀"声，这表明遥控器已经进入了对频模式。在遥控器屏幕上查看状态信息，如图 5-8 所示，如果显示"BINDING"，则表示正在进行对频。完成对频后，遥控器屏幕上的"BINDING"标识将会消失，并显示状态信息，如图 5-9 所示。此时，表示已经成功对频。

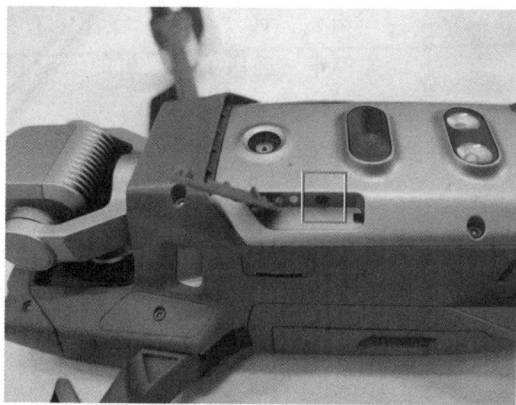

图 5-7　无人机对频键

需要注意的是，对频时需要保证遥控器和无人机之间的连接稳定可靠，并且在操作过程中不要随意断开连接或进行其他操作，以免影响对频结果。

5. 参数检查与设置

在参数检查与设置中，需要对无人机的状态、摇杆模式、飞行模式、指南针、IMU、避障感知系统以及遥控器校准进行检查和设置，以确保无人机的安全和可靠。在检查过程中，需要密切关注无人机的各个系统是否正常工作，并且及时处理发现的异常情况。遥控器的校准也是非常重要的一环，它直接影响遥控器与无人机之间信号传输的精准度。总之，参数检查与设置是确保无人机实现安全、可靠飞行的重要步骤。

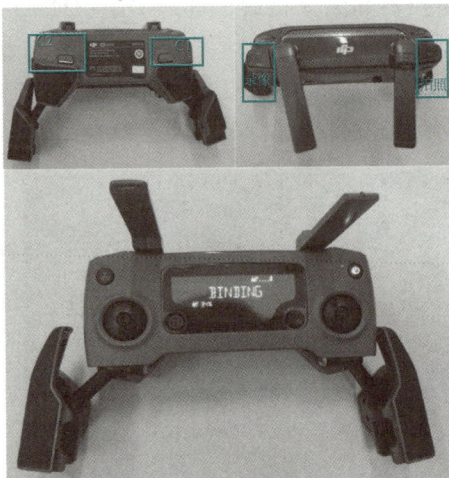

图 5-8　遥控器操作对频

图 5-9　遥控器对频成功界面

6. 解锁与上锁

即手动起动和关闭电动机。大疆御 2 无人机需要借助遥控器进行解锁与上锁。如图 5-10 所示，在解锁时，遥控器两摇杆同时向内向下打杆（俗称"内八"）或者同时向外向下打杆（俗称"外八"），使电动机起动，然后立即松开摇杆，此时 DJI GO4 APP 会提示"起飞"。如图 5-11 所示，无人机的上锁有两种方式：一种是将油门杆拉到最低位置并保持 3s；另一种是执行"内八"或"外八"操作，直至电动机停止转动。这些操作可以有效避免无人机意外起动或停止，确保了无人机的安全和可靠操作。

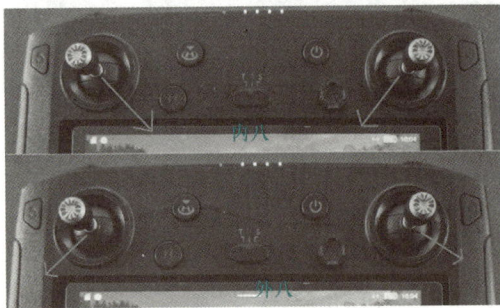

图 5-10　解锁操作

图 5-11　上锁操作

无人机起降训练和升降训练

二、起降训练

无人机的起降训练包括起飞和降落两个环节。

1. 起飞操作

完成飞前准备后，解锁无人机，如图 5-12 所示，轻推遥控器左侧摇杆，使无人机以平稳且缓慢的速度上升。当无人机上升至约 1.2m 的高度时，将摇杆回中，以停止无人机的进一步上升。如图 5-13 所示，仔细观察无人机的状态，确保其在垂直和水平方向都没有明显的偏移。如果无人机状态良好，没有出现任何异常位移，则可以进行下一步操作。

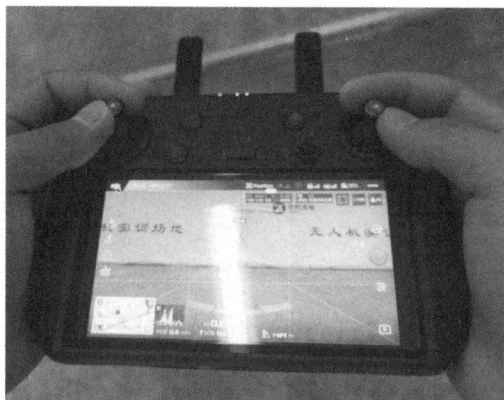

图 5-12　摇杆操作

图 5-13　无人机状态

在操作无人机起飞过程中，有以下注意事项：

1）在起飞过程中，无人机操控人员必须保持注意力高度集中，时刻观察无人机的状态，并随时准备进行应急操作，以应对突发情况。

2）在操控摇杆时，无人机操控人员的动作应缓慢而轻柔，动作幅度要小，防止无人机速度过快，避免失控的风险。

3）当无人机上升至 1.2m 的高度时，应将无人机悬停并仔细观察，为后续的飞行操控做好准备。

2. 降落操作

在完成飞行任务后，需要对无人机进行降落操作。当无人机进入视野范围，如图 5-14 所示，应轻拉左侧摇杆，使无人机以平稳且缓慢的速度下降至约 0.5m 的高度，如图 5-15 所示。然后，将左侧摇杆拉至最低位置，如图 5-16 所示，使无人机完成降落。如图 5-17 所示，降落完成后锁桨。

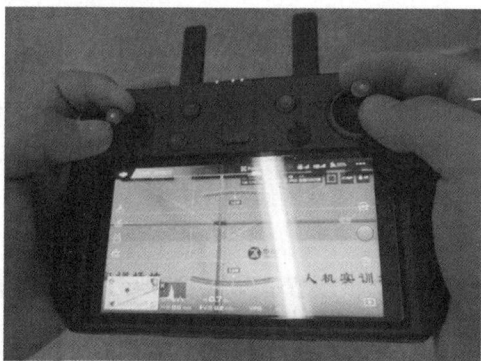

图 5-14　下降阶段摇杆操作

图 5-15　下降阶段无人机状态

在操作无人机降落过程中，有以下注意事项：

1）观察并选择合适的无人机降落地点，确保地面平整，以便无人机能够安全、平稳地着陆。

2）在降落过程中，应缓慢而轻柔地操控摇杆，动作幅度要小，以避免无人机因下降速度过快而失去控制。

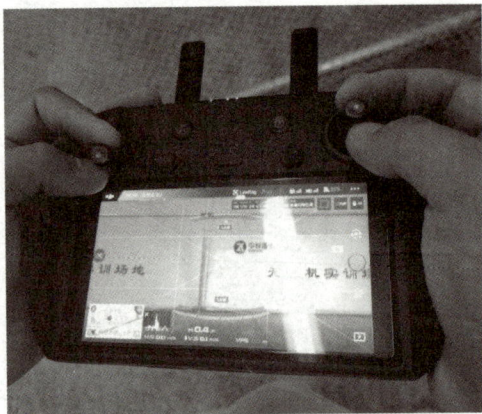

图 5-16 降落阶段摇杆操作

图 5-17 降落后锁桨

3）当无人机下降至约 0.5m 的高度时，应将摇杆拉到最低位置，使无人机开始降落。

4）严禁在无人机桨叶尚未停转或未自锁时触碰无人机，须待无人机桨叶自锁后才能移动无人机。

5）在整个降落过程中，注意力必须保持高度集中，时刻观察无人机的状态，随时准备应对可能出现的任何情况。

三、升降训练

熟练掌握无人机的起飞和降落操作后，接下来可以进行无人机升降操作训练。升降训练的目的是提高无人机操控人员操控左侧油门摇杆的精准度。

升降训练的操作步骤如下：

1）在完成无人机的起飞操作后，通过操控左侧油门摇杆使无人机再上升约 1m 的高度，然后悬停 2s。

2）操控左侧油门摇杆使无人机下降约 1m 的高度，再悬停 2s。

3）重复上述升降的操作，以此进行训练。

这种升降训练有助于提高无人机操控人员对左侧油门摇杆操作的精准度，增强对无人机升降过程的控制能力。

在训练过程中，辅助人员应结合遥控器界面观察无人机在升降过程中是否发生偏航，如图 5-18 所示。

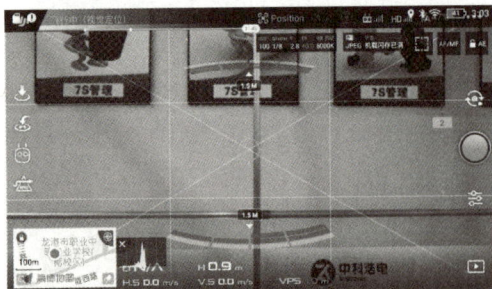

图 5-18 正常辅助界面

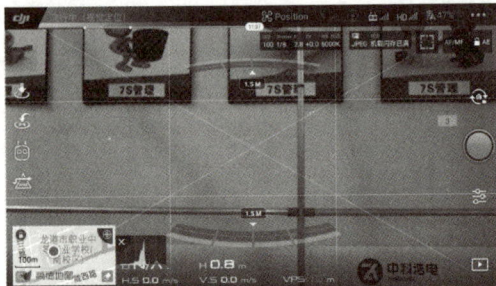

图 5-19 航向偏离界面

在升降训练过程中，有以下注意事项：

1）将无人机的头部对准训练辅助标志线，并确保云台处于中位，以此判断无人机是否偏航。

2）在升降过程中，应缓慢而轻柔地操控摇杆，动作幅度要小，以避免无人机因速度过快而失去控制。

3）在升降过程中，注意力必须保持高度集中，时刻观察无人机的状态。

4）在升降过程中，辅助人员应时刻关注遥控器界面。若发现无人机偏离航向，应及时提醒无人机操控人员，如图 5-19 所示。

在升降训练过程中，无人机操控人员应时刻关注无人机的飞行状态，认真听取辅助人员的提示，用心体会摇杆操作的每一个细节，通过这样的训练提高操控摇杆的精准度，养成良好的操控习惯。此外，完成训练后，还要对无人机控制的方位感进行反思，填写飞行记录表（表 5-1），并与他人进行经验交流。只有不断积累经验，才能更好地掌握无人机的操控技巧，提高飞行技能。

表 5-1　升降训练飞行记录

	训练过程		是否偏航	偏航方向
升降训练	第一次	上升		
		下降		
	第二次	上升		
		下降		
	第三次	上升		
		下降		
	第四次	上升		
		下降		
	第五次	上升		
		下降		
训练小结				

四、定高悬停训练

能熟练操作无人机完成升降训练后，可以进行无人机定高悬停训练。定高悬停训练的操作步骤如下：

1）无人机操控人员应站在无人机附近，如图 5-20 所示，并保持约 2m 的安全距离。

2）起动无人机，确保其平稳起飞。

3）将无人机悬停在 1m 的高度，观察并调整左侧油门摇杆，使无人机保持稳定。

4）将无人机悬停在 1.5m 的高度，观察并调整左侧油门摇杆，保持无人机的稳定性。

5）将无人机悬停在2m的高度，继续观察并调整左侧油门摇杆，使无人机保持稳定。

6）完成训练后，按照规定程序平稳降落无人机，并关闭无人机系统。

在完成上述训练后，可以将操控人员与无人机的距离调整为3m和4m，继续进行1m、1.5m和2m三个高度的悬停训练。

在每次悬停过程中，要注意控制无人机的速度，并逐渐提高操控的精准度和熟练度。同时，要注意观察无人机的姿态和位置，及时调整左侧油门摇杆和副翼，确保无人机始终保持稳定。

定高悬停训练对于提高无人机操控人员对油门摇杆操控的精准度和对无人机速度控制的熟练度非常有益。此外，这种训练可以增强操控人员对无人机在不同距离飞行时的高度感，为后续的无人机相关考核打好基础。

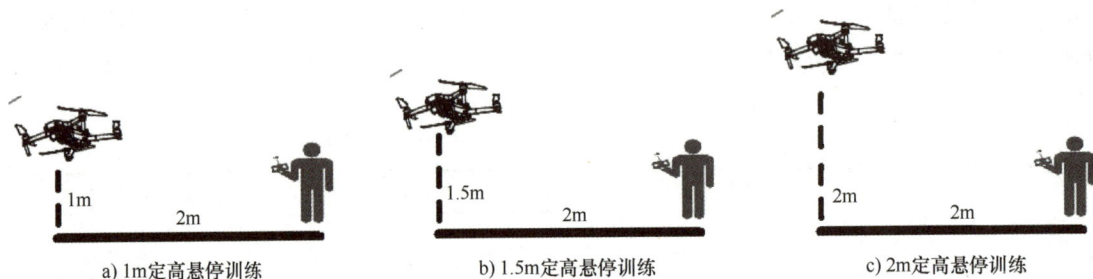

a) 1m定高悬停训练 b) 1.5m定高悬停训练 c) 2m定高悬停训练

图 5-20　定高悬停训练

在定高悬停训练过程中，有以下注意事项：

1）将无人机的头部对着训练辅助标志线，并确保云台处于中位，以此判断无人机的高度是否准确。

2）在进行定高悬停训练过程中，应缓慢而轻柔地操控摇杆，动作幅度要小，以避免无人机因速度过快而失去控制。

3）在定高悬停过程中，注意力必须保持高度集中，时刻观察无人机的状态。

4）在定高悬停过程中，辅助人员应时刻关注界面，并及时向无人机操控人员通报无人机的高度位置及偏差，以便无人机操控人员能够迅速做出反应。

在定高悬停训练过程中，无人机操控人员应时刻关注无人机的飞行状态，认真听取辅助人员的提示，用心观察无人机的飞行高度和速度，通过这样的训练提高操控摇杆的精准度，以具备在指定高度安全悬停无人机的能力。在完成上述训练后，可以进一步开展在不同距离和不同高度下的定高悬停训练，以提升无人机操控人员对无人机飞行的空间感知和操作技能。此外，无人机操控人员在练习结束后还需对无人机控制中的高度感和速度感进行反思，填写飞行记录表（表5-2），并与他人进行经验交流。

表 5-2　定高悬停训练飞行记录

	训练过程			高度准确	偏差方向
定高悬停训练	2m距离	第一次	1m		
			2m		
			3m		

（续）

		训练过程		高度准确	偏差方向
定高悬停训练	2m距离	第二次	1m		
			2m		
			3m		
		第三次	1m		
			2m		
			3m		
		第四次	1m		
			2m		
			3m		
		第五次	1m		
			2m		
			3m		
训练小结					

任务评价

　　四旋翼无人机的飞前准备、起降、升降和定高悬停是无人机飞行和操控的基本操作内容，也是对摇杆基本操作的熟悉过程。通过提高这些飞行基础操作能力，可以为后续掌握更加复杂的无人机飞行操控方法打好基础。在完成课堂上的飞行练习后，对照本任务的内容，完成表5-3的填写，并进行个人评价分析。

表 5-3　无人机室内起降、升降和悬停训练任务评价

班级			姓名			
评价题项	素养指向	优秀（10分）	良好（6~9分）	一般（0~5分）		得分
查询信息	技能	熟悉无人机相关网站资源的获取与信息查询方式	能够通过百度等搜索网站查询	仅知道相关论坛		
获取资讯途径	技能	熟练通过微博、公众号等途径高效搜索资讯	通过无人机论坛了解	仅从搜索网站了解		
熟悉飞前准备项目	知识+技能	熟悉飞前准备的各个项目及具体操作步骤	了解飞前准备的各个项目	仅了解飞前准备的部分项目		
熟悉起降操作	技能	熟练完成无人机起降操作	能完成起降操作，但不够熟练	能完成起降操作，但不规范		

（续）

评价题项	素养指向	优秀(10分)	良好(6~9分)	一般(0~5分)	得分
熟练掌握升降操作	技能	能规范完成升降操作且无偏航情况	能完成升降操作且无偏航,但不规范	能完成升降操作,但有偏航	
熟悉定高悬停操作	技能	能规范完成定高悬停操作并无明显高度偏差	能完成定高悬停操作且无明显高度偏差,但操作不规范	能完成定高悬停操作,但有明显高度偏差且操作不规范	
小组合作	合作	小组分工明确,交流充分,合作愉快	小组有分工,但分工不均	每个成员做自己的事,交流少	
自主学习	学习习惯	主动参与操控训练且细心认真	认真训练,但不够积极主动	在教师督促下参与训练	
总结	知识	知识点总结内容丰富,观点明确	知识点总结图文结合,但缺少观点表达	知识点总结内容简单,仅有图片或少许文字	
学习心得					
教师评价					

拓展任务

在完成以上室内起降练习后，可以进一步尝试从其他三个方向（对头、对左、对右）完成无人机的飞前准备、起飞、上升定高悬停、下降定高悬停、降落的连贯操作，具体要求如下：

1）在对头方向下，完成无人机的飞前准备，在距无人机 3m 的位置起飞无人机至 1.2m 的高度，然后上升至 2.5m 的高度悬停 3s，再下降至 1m 的高度悬停 2s，降落。

2）在对左方向下，完成无人机的飞前准备，在距无人机 4m 的位置起飞无人机至 1.2m 的高度，然后上升至 3m 的高度悬停 2s，再下降至 1.5m 的高度悬停 3s，降落。

3）在对右方向下，完成无人机的飞前准备，在距无人机 5m 的位置起飞无人机至 1.2m 的高度，然后上升至 1.5m 的高度悬停 4s，再下降至 0.5m 的高度悬停 3s，降落。

任务二 无人机室内姿态控制训练

任务情境

小飞在顺利完成无人机室内起降和悬停训练后，准备进行无人机姿态控制训练，为后续执行更为复杂的飞行任务打好基础。本任务以大疆御2无人机为例，从无人机的偏航控制、俯仰控制和横滚控制三个方面展开训练。通过这些训练，小飞能够更精准地控制无人机的飞行姿态。

知识链接

在进行无人机的姿态控制训练之前，掌握无人机基本飞行姿态以及多旋翼无人机实现姿态控制的原理等内容是十分必要的。

固定翼无人机有三个基本飞行姿态，即横滚（roll）、俯仰（pitch）、偏航（yaw）。对于多旋翼无人机，也有对应的三个基本飞行姿态，即横滚（roll）、俯仰（pitch）和偏航（yaw），它们分别对应多旋翼无人机的左右移动、前后移动以及左右旋转。下面以十字形四旋翼无人机为例，分析多旋翼无人机实现三个基本飞行姿态控制的原理。

在不考虑其他因素的情况下，如果四个螺旋桨的转速相同，产生的拉力也相同，则无人机将保持水平状态，如图5-21所示。假设改变左右两个电动机的转速，它们带动的螺旋桨所产生的拉力也会不同。以电动机0的方向作为机头方向，当电动机0和电动机2的转速不变，增大电动机1的转速，减小电动机3的转速，右侧的拉力会增大，左侧的拉力会减小。这种拉力差会产生一个力矩，导致无人机向左侧横滚，即无人机向左移动，如图5-22所示。相反，如果减小电动机1的转速，增大电动机3的转速，则无人机会向右横滚，即无人机向右移动。

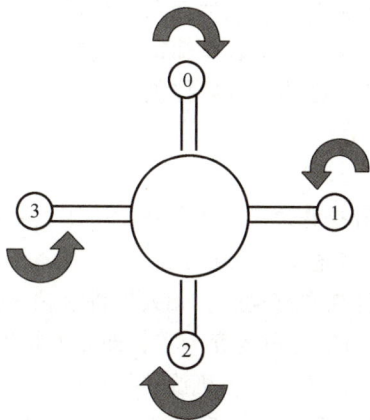

图5-21　无人机保持水平状态　　　　　图5-22　无人机向左横滚（左移）

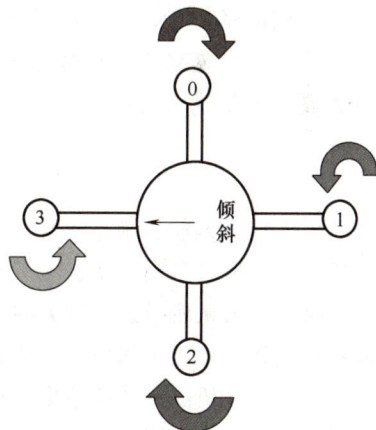

同理，如果保持电动机1、3的转速不变，而增大电动机2的转速，减小电动机0的转速，将对无人机产生一个力矩。在这个力矩的作用下，无人机会倾向于俯身姿态，而这个力矩的水平分力将推动无人机向前飞行，如图5-23所示。相反，如果减小电动机2的转速，增大电动机0的转速，无人机会倾向于仰头姿态，导致无人机后退飞行。

对于多旋翼无人机的偏航控制，每个电动机都会产生一个反作用力矩。对于结构上对称的无人机而言，这些反作用力矩会相互抵消，因此无人机通常不会自旋。然而，当需要改变无人机的航向时，可以通过控制自旋来实现无人机的航向控制。当增大电动机0、2的转速，同时减小电动机1、3的转速时，由于电动机0、2是沿顺时针方向转动，它们会产生一个沿逆时针方向的力矩，而电动机 1、3 是沿逆时针方向转动，它们会产生一个沿顺时针方向的力矩。由于电动机 0、2 的转速比电动机 1、3 快，沿逆时针方向的力矩会比沿顺时针方向的力矩大，因此无人机会沿逆时针方向自旋，即沿逆时针方向偏航，如图 5-24 所示。相反，如果减小电动机 0、2 的转速，增大电动机 1、3 的转速，无人机将沿顺时针方向偏航。

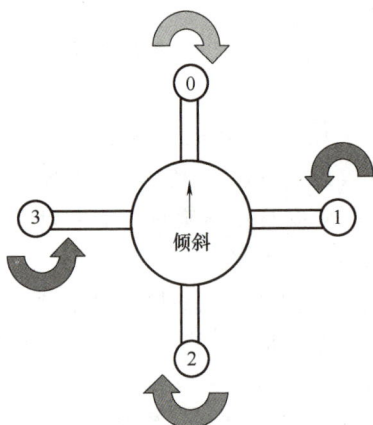

图 5-23　无人机俯仰姿态（前进）　　　　图 5-24　无人机偏航姿态（沿逆时针方向自旋）

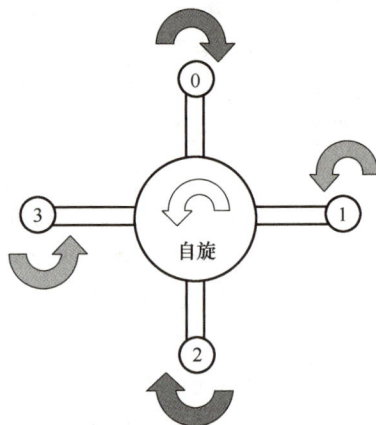

任务实施

小飞在前期的学习中已经熟练掌握了飞前准备的各项内容，包括无人机起降、升降、定高悬停等操作方法，他对无人机姿态控制也有了初步了解。基于这些知识和技能，小飞决定开始进行无人机的室内姿态控制训练，以便进一步提升自己的飞行操控能力。

一、偏航控制训练

无人机的偏航控制是实现飞行方向调整的基础操作之一。本任务中采用大疆御 2 无人机，摇杆模式采用"美国手"，即左侧摇杆的左右移动是偏航控制。当左侧摇杆向左移动时，无人机将沿逆时针方向旋转；当左侧摇杆向右移动时，无人机将沿顺时针方向旋转；当摇杆处于中间位置（中位）时，无人机的旋转角速度为零，即无人机不旋转。摇杆的位移量与无人机的旋转角速度成正比，摇杆位移量越大，无人机旋转得越快。

在偏航训练过程中，操控摇杆要精准，避免过度或不足，以实现平稳的旋转。在进行偏航控制时，要注意不能影响摇杆在油门方向上的操作，以免影响到无人机的高度控制。

具体训练内容如下。

1. 偏航控制操作

将无人机从对尾方向起飞，并上升至 1.5m 的高度悬停 3s。然后向左轻推遥控器左侧摇杆，如图 5-25 所示，无人机会沿逆时针方向旋转 3~5 圈，如图 5-26 所示。将摇杆置于中位，使无人机再次悬停 3s，向右轻推遥控器左侧摇杆，无人机沿顺时针方向旋转 3~5 圈。将摇杆置于中位，无人机继续悬停 3s 后降落。

在偏航控制训练过程中，有以下注意事项：

1）偏航控制过程中，注意力必须保持高度集中，时刻观察无人机的状态，并随时准备进行应急操作，如降落或锁桨。

左侧边栏：无人机偏航控制训练

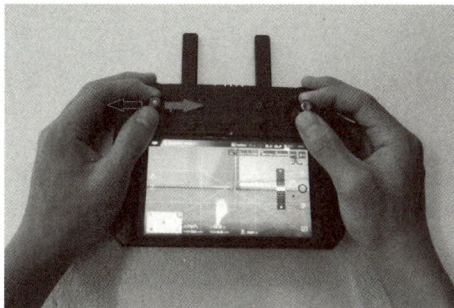

图 5-25　偏航控制中的摇杆操作

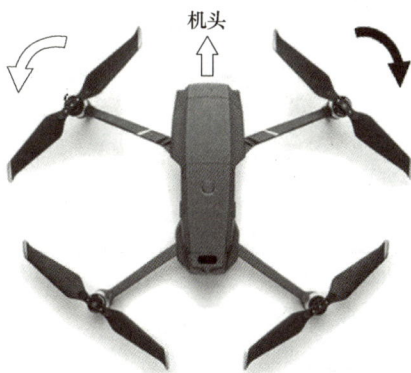

机头

图 5-26　偏航控制下的无人机状态

2）在操控遥控器摇杆的过程中，应缓慢而轻柔地操控，动作幅度要小，以避免无人机因速度过快而失去控制。

3）在偏航控制过程中，辅助人员需时刻关注遥控器界面，及时提醒操控人员关注无人机高度变化情况，以便其及时进行调整。

2. 360°自旋训练

在掌握无人机偏航控制技术后，接下来要进行的是无人机 360°自旋训练。无人机从对尾方向起飞，并上升至 1.5m 的高度悬停 3s。向左轻推遥控器左侧摇杆，无人机沿逆时针方向旋转一圈后，将摇杆置于中位，无人机再次悬停 3s。然后，向右轻推遥控器左侧摇杆，无人机沿顺时针方向旋转一圈后，将摇杆置于中位，无人机继续悬停 3s 后降落。重复以上操作 3~5 次。

在无人机 360°自旋训练过程中，无人机操控人员应时刻关注无人机的飞行状态，认真听取辅助人员的提示，用心感受摇杆操控的过程及无人机旋转速度，通过这样的训练提高操控摇杆的精准度，养成良好的操作习惯。此外，在完成以上练习后，还需对无人机控制中的方位感进行反思，填写飞行记录表（表 5-4），并与他人进行经验交流。通过不断积累经验，可以更好地掌握无人机的操控技巧，提高飞行技能和安全意识。

表 5-4　360°自旋训练记录

	训练过程		是否自旋到位	高度是否偏移
360°自旋训练	第一次	沿逆时针方向自旋		
		沿顺时针方向自旋		
	第二次	沿逆时针方向自旋		
		沿顺时针方向自旋		
	第三次	沿逆时针方向自旋		
		沿顺时针方向自旋		
	第四次	沿逆时针方向自旋		
		沿顺时针方向自旋		
	第五次	沿逆时针方向自旋		
		沿顺时针方向自旋		

（续）

训练小结	

二、俯仰控制训练

俯仰控制是无人机飞行操作中的一项基本技能。本任务采用大疆御 2 无人机，摇杆模式采用"美国手"，即向上轻推遥控器右侧摇杆，无人机向前倾斜，并向前飞行；向下轻拉右侧摇杆，无人机向后倾斜，并向后飞行；将摇杆置于中位时，无人机在前后方向上保持水平。摇杆的位移量与无人机前后倾斜的角度成正比，摇杆的位移量越大，无人机倾斜的角度越大，飞行的速度也越快。

具体训练内容如下。

1. 俯仰控制操作

无人机从对尾方向起飞，并上升至 1.5m 的高度悬停 3s。如图 5-27 所示，向上轻推遥控器右侧摇杆，使无人机缓慢匀速前进，无人机前进一段距离，如图 5-28 所示。将摇杆置于中位，无人机再次悬停 3s。然后向下轻拉遥控器右侧摇杆，使无人机缓慢匀速后退，无人机后退一段距离后，将摇杆置于中位，无人机继续悬停 3s。重复以上操作 3~5 次，最后降落。

图 5-27　俯仰控制摇杆操作

图 5-28　俯仰控制无人机状态

无人机的俯仰操作过程的注意事项与偏航操作相似，此处不再赘述。

2. 俯仰定点飞行训练

无人机从对尾方向起飞，并上升至 2m 的高度悬停 3s。向上轻推遥控器右侧摇杆，使无人机向前飞行，无人机飞行至锥桶上方悬停 3s，如图 5-29 所示。然后向下轻拉遥控器右侧摇杆，使无人机向后飞行，无人机飞行至锥桶上方悬停 3s，重复以上操作 5 次。

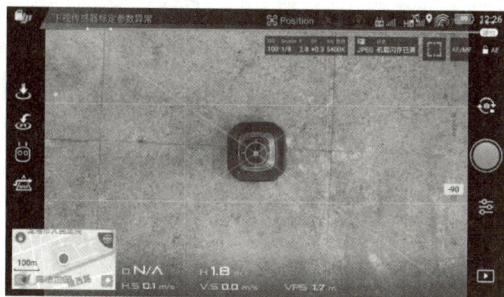

图 5-29　飞行到位辅助界面

图 5-30　飞行未到位辅助界面（1）

在无人机俯仰定点飞行训练操作过程中，有以下注意事项：

1）将无人机头部对准训练辅助标志线放置，云台朝下，以便于判断飞行是否到位。

2）在操控摇杆的过程中，应缓慢而轻柔地操控，动作幅度要小，以避免无人机因速度过快而失去控制。

3）在俯仰控制过程中，辅助人员需时刻关注遥控器界面，悬停时如有图 5-30 所示情况发生，应及时提醒操控人员进行调整。

在俯仰定点飞行训练过程中，无人机操控人员应时刻关注无人机的飞行状态，认真听取辅助人员的提示，用心感受操控摇杆的过程，通过这样的训练提高操控摇杆的精准度，养成良好的操作习惯。

此外，在完成以上练习后，还需对摇杆位移量、无人机飞行速度与距离和无人机位置等进行反思，填写飞行记录表（表 5-5）并与他人分享经验。

表 5-5　俯仰定点飞行训练记录

	训练过程		是否飞行到位	左右是否偏移
俯仰定点飞行训练	第一次	前进锥桶		
		后退锥桶		
	第二次	前进锥桶		
		后退锥桶		
	第三次	前进锥桶		
		后退锥桶		
	第四次	前进锥桶		
		后退锥桶		
	第五次	前进锥桶		
		后退锥桶		
训练小结				

三、横滚控制训练

横滚控制也是对无人机进行左右控制的基本操作技能。本任务采用大疆御 2 无人机，摇杆模式采用"美国手",即向左轻推遥控器右侧摇杆,无人机向左倾斜,并向左飞行;向右轻推遥控器右侧摇杆,无人机向右倾斜,并向右飞行;将摇杆置于中位时,无人机在左右方向上保持水平状态。摇杆的位移量与无人机左右倾斜的角度成正比,摇杆的位移量越大,无人机倾斜的角度越大,飞行的速度也越快。

具体训练内容如下。

1. 横滚控制操作

无人机从对尾方向起飞,并上升至1.5m的高度悬停3s。向左轻推遥控器右侧摇杆,使无人机缓慢匀速左移,如图5-31所示,无人机左移一段距离后,将摇杆置于中位,如图5-32所示,无人机再次悬停3s。然后向右轻推遥控器右侧摇杆,使无人机缓慢匀速右移,无人机右移一段距离后,将摇杆置于中位,无人机继续悬停3s。重复以上操作3~5次,最后降落。

图 5-31 横滚控制摇杆操作

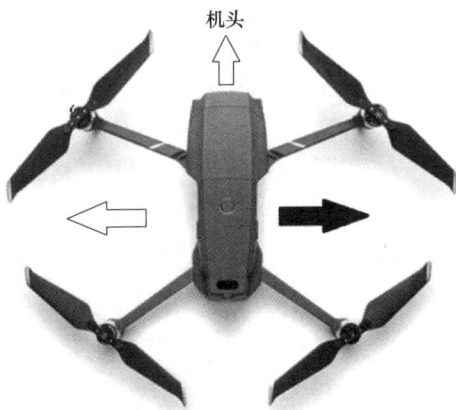

图 5-32 横滚控制无人机状态

无人机横滚操作过程的注意事项与无人机偏航操控相似,此处不再赘述。

2. 横滚定点飞行训练

无人机从对尾方向起飞,并上升至2.5m的高度悬停3s。向左轻推遥控器右侧摇杆,使无人机左移飞行,无人机飞行至锥桶上方悬停3s。然后向右轻推遥控器右侧摇杆,使无人机右移飞行至锥桶上方悬停3s。重复以上操作5次。辅助人员仔细观看遥控器界面,如出现图5-33所示,无人机悬停时未在锥桶上方的情况,应及时提醒操控人员进行调整。

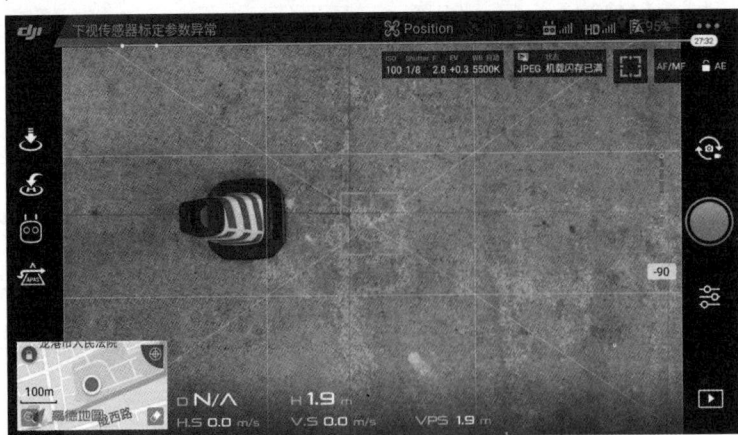

图 5-33 飞行未到位辅助界面(2)

无人机横滚定点飞行训练操作过程的注意事项与无人机俯仰定点飞行相似，在完成以上练习后，填写飞行记录表（表5-6）并与他人分享经验。通过不断积累经验，可以更好地掌握无人机的操作技巧，提高飞行技能和安全水平。

表 5-6　横滚定点飞行训练记录

	训练过程		是否飞行到位	前后是否偏移
横滚定点飞行训练	第一次	左移锥桶		
		右移锥桶		
	第二次	左移锥桶		
		右移锥桶		
	第三次	左移锥桶		
		右移锥桶		
	第四次	左移锥桶		
		右移锥桶		
	第五次	左移锥桶		
		右移锥桶		
训练小结				

任务评价

四旋翼无人机的飞行姿态控制是无人机飞行和操控的基础操作，也是对摇杆基本操作的熟悉过程。通过提高这些飞行基础操作技能，可以为执行更加复杂的无人机飞行任务打好基础。在完成课堂上的飞行练习后，对照本任务的内容，完成表5-7的填写并进行个人评价分析。

表 5-7　无人机室内姿态控制训练任务评价

班级				姓名		
评价题项	素养指向	优秀（10分）		良好（6~9分）	一般（0~5分）	得分
查询信息	技能	熟悉无人机相关网站资源的获取与信息查询方式		能够通过百度等搜索网站查询	仅知道相关论坛	
获取资讯途径	技能	熟练通过微博、公众号等途径高效搜索资讯		通过无人机论坛了解	仅从搜索网站了解	
熟悉飞行姿态及控制原理	知识+技能	熟悉多旋翼无人机的飞行姿态及控制原理		了解多旋翼无人机飞行姿态，了解部分控制原理	仅了解多旋翼无人机飞行姿态	

（续）

评价题项	素养指向	优秀（10分）	良好（6~9分）	一般（0~5分）	得分
熟悉偏航控制操作	技能	熟练且规范地完成无人机偏航控制及360°自旋	能完成无人机偏航控制操作，但360°自旋控制不到位	能完成偏航控制，但不够规范	
熟练掌握俯仰控制操作	技能	能规范完成俯仰控制及俯仰定点飞行	能完成俯仰控制，但俯仰定点飞行不到位	能完成俯仰操作，但不够规范	
熟悉横滚控制操作	技能	能规范完成横滚控制及横滚定点飞行	能完成横滚控制，但横滚定点飞行不到位	能完成横滚操作，但不够规范	
小组合作	合作	小组分工明确，交流充分，合作愉快	小组有分工，但分工不均	每个成员做自己的事，交流少	
自主学习	学习习惯	主动参与操控训练且细心认真	认真训练，但不够积极主动	在教师督促下参与训练	
PPT/思维导图总结	知识	知识点总结内容丰富，观点明确	知识点总结图文结合，但缺少观点表达	知识点总结内容简单，仅有图片或少许文字	
学习心得					
教师评价					

拓展任务

　　在完成以上室内姿态控制练习后，可以进一步尝试从其他三个方向（对头、对左、对右）完成无人机的偏航、俯仰和横滚的连贯操控，具体要求如下：

　　1）将无人机对头方向放置，完成无人机的飞前准备，在距无人机3m的位置起飞无人机至1.2m的高度，然后上升至2.5m的高度悬停3s。

　　2）偏航控制调整无人机至对头方向，完成俯仰和横滚定点飞行，无人机回到中心位置。

　　3）偏航控制调整无人机至对左方向，完成俯仰和横滚定点飞行，无人机回到中心位置。

　　4）偏航控制调整无人机至对右方向，完成俯仰和横滚定点飞行，无人机回到中心位置。

　　5）偏航控制调整至对尾方向，无人机降落。

任务三　无人机室内小航线飞行训练

任务情境

小飞在顺利完成无人机室内起降、升降、悬停和姿态控制训练后，准备进行无人机小航线飞行训练，为后续执行无人机的复杂任务飞行打好基础。本任务中的小航线飞行训练将以无人机的对尾小航线飞行和其他方向小航线飞行训练（对头小航线飞行、对左小航线飞行、对右小航线飞行）两个训练展开。本任务以大疆御2PRO无人机为例。

知识链接

在进行无人机室内小航线飞行训练之前，需要掌握无人机室内飞行的相关注意事项，具体有以下内容：

1）除非必要，尽量避免在室内飞行，以确保无人机的安全。

2）如果必须进行室内飞行，则重点考虑飞行模式和光线问题。太暗和太亮的环境，比如强反光的瓷砖或黑暗的空间，都可能影响视觉定位系统，导致无人机发生漂移。

3）任务允许的情况下，开启避障感知系统，并使用三脚架模式进行飞行。只有在避障系统阻碍飞行的狭窄空间，才考虑关闭避障感知系统。

4）为无人机安装桨叶保护套，以保护人员和无人机的安全。

5）如果室内有空旷区域，应先在空旷区域进行测试飞行，检查无人机是否会出现漂移，以判断其能否稳定飞行。

6）提前规划飞行线路，了解飞行线路上可能存在的障碍物和强风区域（如通风口周围、换气扇周围等），为无人机的安全飞行做好准备。在实际飞行时如无特殊情况，不要偏移预定的飞行线路。

7）制订应急预案，并配备辅助人员，协助无人机操控人员观察无人机状态及场地变化，以便在出现突发状况时提醒无人机操控人员。

8）在飞行过程中，无人机操控人员必须保持注意力高度集中，时刻观察无人机的状态，并随时准备采取应急措施。

任务实施

小飞在之前的学习中已经掌握了飞前准备相关内容，掌握了无人机起降、悬停操作和姿态控制操作，了解了无人机小航线飞行相关知识，小飞决定开始进行无人机室内小航线飞行训练。

首先，从对尾小航线飞行训练开始。

一、小航线

本任务小航线包含起降、360°自旋和矩形飞行。其中起飞点和降落点在同一位置，距离操控人员1.5m；360°自旋位置在起飞点右侧1.5m的位置；矩形飞行路径由四个点组成，沿逆时针方向排序，1号点位于自旋点前方1.5m的位置，2号点位于1号点前方3m的位置，3号点位于2号点左侧3m的位置，4号点位于3号点后方3m的位置。具体航线示意如图5-34所示。

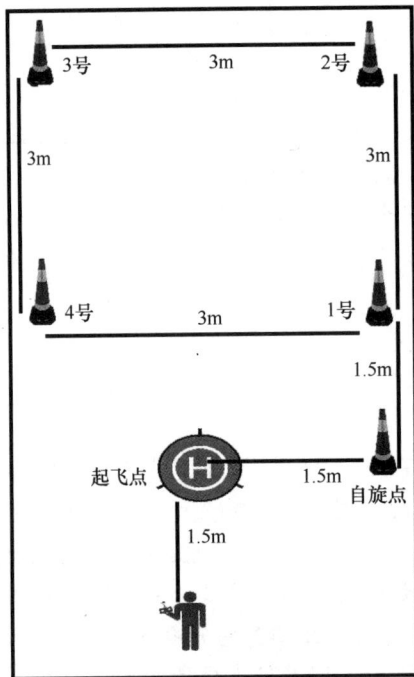

图5-34　小航线示意

二、对尾小航线飞行

在进行对尾小航线飞行训练时要求无人机在直线飞行过程中保持机头方向与无人机操控人员的朝向一致。这样的要求有助于保持无人机与无人机操控人员之间的视觉联系，确保飞行的安全性和可控性。具体训练要求可参照表5-8所列内容。

表5-8　对尾小航线飞行训练任务记录

训练机型：	大疆御2 PRO	
摇杆模式：	"美国手"	
一、飞前检查		
检查项目	完成情况	
环境检查	□完成	□未完成
设备安装检查	□完成	□未完成
参数设置检查	□完成	□未完成
正确放置无人机(对尾)	□完成	□未完成
二、起飞 无人机起飞至2m的高度，悬停3s		

（续）

检查项目	完成情况
操作规范	□规范　　□不规范
起飞速度	□合适　　□过快
离地高度	□到位　　□小偏差　　□大偏差
悬停时间	□充足　　□不足

操作提示：缓慢向上轻推左侧摇杆，无人机上升至 1.2m 的高度，观察无人机；如无异常，继续小幅度缓慢向上轻推左侧摇杆，无人机上升至 2m 的高度，将摇杆置于中位，无人机继续悬停

三、360°自旋
无人机飞行至自旋点上方，悬停 3s；悬停结束后进行 360°自旋，完成后再次悬停 3s

检查项目	完成情况
右移到位	□到位　　□小偏差　　□大偏差
悬停时间	□充足　　□不足
自旋速度	□合适　　□过快
自旋到位	□到位　　□小偏差　　□大偏差

操作提示：向右小幅度轻推遥控器右侧摇杆，使无人机缓慢匀速右移，无人机右移至自旋点上方，将摇杆置于中位，无人机悬停 3s；向左或向右小幅度轻推左侧摇杆，无人机缓慢沿逆时针方向自旋 360°或沿顺时针方向自旋 360°，完成后将摇杆置于中位，无人机继续悬停

四、自旋点至 1 号锥桶直线飞行
无人机做直线飞行，从自旋点飞至 1 号锥桶上方，悬停 3s

检查项目	完成情况
飞行到位	□到位　　□小偏差　　□大偏差
飞行速度	□合适　　□过快
左右偏移	□无偏移　　□小偏移　　□大偏移
高度偏移	□无偏移　　□小偏移　　□大偏移

操作提示：向上小幅度轻推右侧摇杆，使无人机缓慢前进至 1 号锥桶上方，将摇杆置于中位，无人机悬停 3s

五、1 号锥桶至 2 号锥桶直线飞行
无人机做直线飞行，从 1 号锥桶飞至 2 号锥桶上方，悬停 3s

检查项目	完成情况
飞行到位	□到位　　□小偏差　　□大偏差
飞行速度	□合适　　□过快
左右偏移	□无偏移　　□小偏移　　□大偏移
高度偏移	□无偏移　　□小偏移　　□大偏移

操作提示：向上小幅度轻推右侧摇杆，使无人机缓慢前进至 2 号锥桶上方，将摇杆置于中位，无人机悬停 3s

六、2 号锥桶至 3 号锥桶直线飞行
无人机做直线飞行，从 2 号锥桶飞至 3 号锥桶上方，悬停 3s

检查项目	完成情况
飞行到位	□到位　　□小偏差　　□大偏差
飞行速度	□合适　　□过快
左右偏移	□无偏移　　□小偏移　　□大偏移
高度偏移	□无偏移　　□小偏移　　□大偏移

操作提示：向左小幅度轻推右侧摇杆，使无人机缓慢左移至 3 号锥桶上方，将摇杆置于中位，无人机悬停 3s

（续）

七、3 号锥桶至 4 号锥桶直线飞行

无人机做直线飞行，从 3 号锥桶飞至 4 号锥桶上方，悬停 3s

检查项目	完成情况		
飞行到位	□到位	□小偏差	□大偏差
飞行速度	□合适	□过快	
左右偏移	□无偏移	□小偏移	□大偏移
高度偏移	□无偏移	□小偏移	□大偏移

操作提示：向下小幅度轻拉右侧摇杆，使无人机缓慢后退至 4 号锥桶上方，将摇杆置于中位，无人机悬停 3s

八、4 号锥桶至 1 号锥桶直线飞行

无人机做直线飞行，从 4 号锥桶飞至 1 号锥桶上方，悬停 3s

检查项目	完成情况		
飞行到位	□到位	□小偏差	□大偏差
飞行速度	□合适	□过快	
左右偏移	□无偏移	□小偏移	□大偏移
高度偏移	□无偏移	□小偏移	□大偏移

操作提示：向右小幅度轻推右侧摇杆，使无人机缓慢右移至 1 号锥桶上方，将摇杆置于中位，无人机悬停 3s

九、1 号锥桶至起飞点斜线飞行

无人机做斜线飞行，从 1 号锥桶飞至起飞点上方，悬停 3s

检查项目	完成情况		
飞行到位	□到位	□小偏差	□大偏差
飞行速度	□合适	□过快	
左右偏移	□无偏移	□小偏移	□大偏移
高度偏移	□无偏移	□小偏移	□大偏移

操作提示：同时向左向下小幅度轻拉右侧摇杆，使无人机缓慢向左后方直线移动至起飞点上方，如下图所示；将摇杆置于中位，无人机悬停 3s

（续）

十、降落
将无人机降落在起飞点

检查项目	完成情况		
操作规范	□规范　　□不规范		
降落位置	□到位　　□小偏差　　□大偏差		
操作提示：小幅度缓慢向下轻拉左侧摇杆，无人机下降；无人机下降至 0.5m 的高度，向下轻拉左侧摇杆至最低位，无人机降落至地面直至电动机停转			
训练小结			

　　无人机对尾小航线飞行操作过程的注意事项与无人机姿态控制相同。在完成以上练习后，与他人分享经验。通过不断积累经验，可以更好地掌握无人机的操控技巧，提高飞行技能和安全意识。

三、其他方向小航线飞行

　　其他方向小航线飞行包括对头小航线飞行、对左小航线飞行和对右小航线飞行。其中对头小航线飞行时无人机机头朝向操控人员，对左小航线飞行时无人机机头朝向操控人员左边，对右小航线飞行时无人机机头朝向操控人员右边。具体飞行训练要求参照表5-9~表5-11所列内容。

表 5-9 对头小航线飞行训练记录

训练机型: 大疆御 2 PRO

摇杆模式: "美国手"

一、飞前检查

检查项目	完成情况		
环境检查	□完成	□未完成	
设备安装检查	□完成	□未完成	
参数设置检查	□完成	□未完成	
正确放置无人机(对尾)	□完成	□未完成	

二、起飞

无人机起飞至 2m 的高度,悬停 3s

检查项目	完成情况		
操作规范	□规范	□不规范	
起飞速度	□合适	□过快	
离地高度	□到位	□小偏差	□大偏差
悬停时间	□充足	□不足	

操作提示:小幅度缓慢向上轻推左侧摇杆,无人机上升至 1.2m 的高度,观察无人机;如无异常,继续小幅度缓慢向上轻推左侧摇杆,无人机上升至 2m 的高度,将摇杆置于中位,无人机悬停

三、360°自旋+对头方向

无人机飞行至自旋点上方,悬停 3s;悬停结束后进行 360°自旋,完成后悬停 3s;再进行 180°自旋,将无人机调整至对头方向,悬停 3s

检查项目	完成情况		
右移到位	□到位	□小偏差	□大偏差
悬停时间	□充足	□不足	
自旋速度	□合适	□过快	
自旋到位	□到位	□小偏差	□大偏差

操作提示:小幅度向右轻推遥控器右侧摇杆,使无人机缓慢匀速右移,无人机右移至自旋点上方,将摇杆置于中位,无人机悬停 3s;然后向左或向右小幅度轻推右侧摇杆,无人机缓慢逆时针方向或沿顺时针方向自旋 360°,完成后将摇杆置于中位,无人机悬停 3s;向左或向右小幅度轻推左侧摇杆,无人机缓慢沿逆时针方向或沿顺时针方向自旋 180°,完成后将摇杆置于中位,无人机悬停 3s

四、自旋点至 1 号锥桶直线飞行

无人机做直线飞行,从自旋点飞至 1 号锥桶上方,悬停 3s

检查项目	完成情况		
飞行到位	□到位	□小偏差	□大偏差
飞行速度	□合适	□过快	
左右偏移	□无偏移	□小偏移	□大偏移
高度偏移	□无偏移	□小偏移	□大偏移

操作提示:小幅度向下,轻拉右侧摇杆,使无人机缓慢前进至 1 号锥桶上方,将摇杆置于中位,无人机悬停 3s

五、1 号锥桶至 2 号锥桶直线飞行

无人机做直线飞行,从 1 号锥桶飞至 2 号锥桶上方,悬停 3s

（续）

检查项目	完成情况		
飞行到位	☐到位	☐小偏差	☐大偏差
飞行速度	☐合适	☐过快	
左右偏移	☐无偏移	☐小偏移	☐大偏移
高度偏移	☐无偏移	☐小偏移	☐大偏移

操作提示:小幅度向下轻拉右侧摇杆,使无人机缓慢前进至2号锥桶上方,将摇杆置于中位,无人机悬停3s

六、2号锥桶至3号锥桶直线飞行

无人机做直线飞行,从2号锥桶飞至3号锥桶上方,悬停3s

检查项目	完成情况		
飞行到位	☐到位	☐小偏差	☐大偏差
飞行速度	☐合适	☐过快	
左右偏移	☐无偏移	☐小偏移	☐大偏移
高度偏移	☐无偏移	☐小偏移	☐大偏移

操作提示:小幅度向右轻推右侧摇杆,使无人机缓慢左移至3号锥桶上方,将摇杆置于中位,无人机悬停3s

七、3号锥桶至4号锥桶直线飞行

无人机做直线飞行,从3号锥桶飞至4号锥桶上方,悬停3s

检查项目	完成情况		
飞行到位	☐到位	☐小偏差	☐大偏差
飞行速度	☐合适	☐过快	
左右偏移	☐无偏移	☐小偏移	☐大偏移
高度偏移	☐无偏移	☐小偏移	☐大偏移

操作提示:小幅度向上轻推右侧摇杆,使无人机缓慢后退至4号锥桶上方,将摇杆置于中位,无人机悬停3s

八、4号锥桶至1号锥桶直线飞行

无人机做直线飞行,从4号锥桶飞至1号锥桶上方,悬停3s

检查项目	完成情况		
飞行到位	☐到位	☐小偏差	☐大偏差
飞行速度	☐合适	☐过快	
左右偏移	☐无偏移	☐小偏移	☐大偏移
高度偏移	☐无偏移	☐小偏移	☐大偏移

操作提示:小幅度向左轻推右侧摇杆,使无人机缓慢右移至1号锥桶上方,将摇杆置于中位,无人机悬停3s

九、1号锥桶至起飞点斜线飞行

无人机做斜线飞行,从1号锥桶飞至起飞点上方,悬停3s

检查项目	完成情况		
飞行到位	☐到位	☐小偏差	☐大偏差
飞行速度	☐合适	☐过快	
左右偏移	☐无偏移	☐小偏移	☐大偏移
高度偏移	☐无偏移	☐小偏移	☐大偏移

操作提示:同时向右向上小幅度轻推右侧摇杆,使无人机缓慢向右前方直线移动至起飞点上方,将摇杆置于中位,无人机悬停3s

（续）

十、降落
无人机自旋180°调整至对尾方向,悬停3s;降落在起飞点

检查项目	完成情况		
自旋到位	□到位	□小偏差	□大偏差
操作规范	□规范	□不规范	
降落位置	□到位	□小偏差	□大偏差

操作提示:向左或向右小幅度轻推左侧摇杆,无人机缓慢沿逆时针方向或沿顺时针方向自旋180°,完成后将摇杆置于中位,无人机悬停3s;小幅度缓慢向下轻拉左侧摇杆,无人机下降;无人机下降至0.5m的高度,向下轻拉左侧摇杆至最低位,无人机降落至地面直至电动机停转

训练小结

表5-10 对左小航线飞行训练记录

训练机型:	大疆御2 PRO
摇杆模式:	"美国手"

一、飞前检查

检查项目	完成情况	
环境检查	□完成	□未完成
设备安装检查	□完成	□未完成
参数设置检查	□完成	□未完成
正确放置无人机(对尾)	□完成	□未完成

二、起飞
无人机起飞至2m的高度,悬停3s

检查项目	完成情况		
操作规范	□规范	□不规范	
起飞速度	□合适	□过快	
离地高度	□到位	□小偏差	□大偏差
悬停时间	□充足	□不足	

操作提示:小幅度缓慢向上轻推左侧摇杆,无人机上升至1.2m的高度,观察无人机;如无异常,继续小幅度缓慢向上轻推左侧摇杆,无人机上升至2m的高度,将摇杆置于中位,无人机悬停3s

三、360°自旋+对左方向
无人机飞行至自旋点上方,悬停3s;悬停结束后进行360°自旋,完成后悬停3s;再左旋90°,将无人机调整至对左方向,悬停3s

检查项目	完成情况		
右移到位	□到位	□小偏差	□大偏差
悬停时间	□充足	□不足	
自旋速度	□合适	□过快	
自旋到位	□到位	□小偏差	□大偏差

（续）

操作提示:小幅度向右轻推遥控器右侧摇杆,使无人机缓慢匀速右移,无人机右移至自旋点上方,将摇杆置于中位,无人机悬停 3s;向左或向右小幅度轻推左侧摇杆,无人机缓慢沿逆时针方向或沿顺时方向自旋 360°,完成后将摇杆置于中位,无人机悬停 3s;向左小幅度轻推左侧摇杆,无人机缓慢沿逆时针方向自旋 90°,完成后将摇杆置于中位,无人机悬停 3s

四、自旋点至 1 号锥桶直线飞行
无人机做直线飞行,从自旋点飞至 1 号锥桶上方,悬停 3s

检查项目	完成情况		
飞行到位	□到位	□小偏差	□大偏差
飞行速度	□合适	□过快	
左右偏移	□无偏移	□小偏移	□大偏移
高度偏移	□无偏移	□小偏移	□大偏移

操作提示:向右小幅度轻推右侧摇杆,使无人机缓慢前进至 1 号锥桶上方,将摇杆置于中位,无人机悬停 3s

五、1 号锥桶至 2 号锥桶直线飞行
无人机做直线飞行,从 1 号锥桶飞至 2 号锥桶上方,悬停 3s

检查项目	完成情况		
飞行到位	□到位	□小偏差	□大偏差
飞行速度	□合适	□过快	
左右偏移	□无偏移	□小偏移	□大偏移
高度偏移	□无偏移	□小偏移	□大偏移

操作提示:向右小幅度轻推右侧摇杆,使无人机缓慢前进至 2 号锥桶上方,将摇杆置于中位,无人机悬停 3s

六、2 号锥桶至 3 号锥桶直线飞行
无人机做直线飞行,从 2 号锥桶飞至 3 号锥桶上方,悬停 3s

检查项目	完成情况		
飞行到位	□到位	□小偏差	□大偏差
飞行速度	□合适	□过快	
左右偏移	□无偏移	□小偏移	□大偏移
高度偏移	□无偏移	□小偏移	□大偏移

操作提示:向上小幅度轻推右侧摇杆,使无人机缓慢左移至 3 号锥桶上方,将摇杆置于中位,无人机悬停 3s

七、3 号锥桶至 4 号锥桶直线飞行
无人机做直线飞行,从 3 号锥桶飞至 4 号锥桶上方,悬停 3s

检查项目	完成情况		
飞行到位	□到位	□小偏差	□大偏差
飞行速度	□合适	□过快	
左右偏移	□无偏移	□小偏移	□大偏移
高度偏移	□无偏移	□小偏移	□大偏移

操作提示:向左小幅度轻推右侧摇杆,使无人机缓慢后退至 4 号锥桶上方,将摇杆置于中位,无人机悬停 3s

八、4 号锥桶至 1 号锥桶直线飞行
无人机做直线飞行,从 4 号锥桶飞至 1 号锥桶上方,悬停 3s

（续）

检查项目	完成情况
飞行到位	□到位　　□小偏差　　□大偏差
飞行速度	□合适　　□过快
左右偏移	□无偏移　　□小偏移　　□大偏移
高度偏移	□无偏移　　□小偏移　　□大偏移

操作提示：向下小幅度轻拉右侧摇杆，使无人机缓慢右移至1号锥桶上方，将摇杆置于中位，无人机悬停3s

九、1号锥桶至起飞点斜线飞行

无人机做斜线飞行，从1号锥桶飞至起飞点上方，悬停3s

检查项目	完成情况
飞行到位	□到位　　□小偏差　　□大偏差
飞行速度	□合适　　□过快
左右偏移	□无偏移　　□小偏移　　□大偏移
高度偏移	□无偏移　　□小偏移　　□大偏移

操作提示：同时向左向上小幅度轻推右侧摇杆，使无人机缓慢向左前方直线移动至起飞点上方，将摇杆置于中位，无人机悬停3s

十、降落

无人机右旋90°调整至对尾方向，悬停3s；降落在起飞点

检查项目	完成情况
自旋到位	□到位　　□小偏差　　□大偏差
操作规范	□规范　　□不规范
降落位置	□到位　　□小偏差　　□大偏差

操作提示：向右小幅度轻拉左侧摇杆，无人机缓慢沿顺时针方向自旋90°，完成后将摇杆置于中位，无人机悬停3s；小幅度缓慢向下轻拉左侧摇杆，无人机下降；无人机下降至0.5m的高度，向下轻拉左侧摇杆至最低位，无人机降落至地面直至电动机停转

训练小结

表5-11　对右小航线飞行训练记录

训练机型：	大疆御2 PRO
摇杆模式：	"美国手"

一、飞前检查

检查项目	完成情况
环境检查	□完成　　□未完成
设备安装检查	□完成　　□未完成
参数设置检查	□完成　　□未完成
正确放置无人机（对尾）	□完成　　□未完成

（续）

二、起飞

无人机起飞至2m的高度,悬停3s

检查项目	完成情况		
操作规范	□规范	□不规范	
起飞速度	□合适	□过快	
离地高度	□到位	□小偏差	□大偏差
悬停时间	□充足	□不足	

操作提示:小幅度缓慢向上轻推左侧摇杆,无人机上升至1.2m的高度,观察无人机;如无异常,继续小幅度缓慢向上轻推左侧摇杆,无人机上升至2m的高度,将摇杆置于中位,无人机悬停3s

三、360°自旋+对右方向

无人机飞行至自旋点上方,悬停3s;悬停结束后进行360°自旋,完成后悬停3s;再右旋90°,将无人机调整至对右方向,悬停3s

检查项目	完成情况		
右移到位	□到位	□小偏差	□大偏差
悬停时间	□充足	□不足	
自旋速度	□合适	□过快	
自旋到位	□到位	□小偏差	□大偏差

操作提示:向右小幅度轻推遥控器右侧摇杆,使无人机缓慢匀速右移,无人机右移至自旋点上方,将摇杆置于中位,无人机悬停3s;向左或向右小幅度轻推左侧摇杆,无人机缓慢沿逆时针方向或沿顺时针方向自旋360°,完成后将摇杆置于中位,无人机悬停3s;向右小幅度轻推左侧摇杆,无人机缓慢沿顺时针方向自旋90°,完成后将摇杆置于中位,无人机悬停3s

四、自旋点至1号锥桶直线飞行

无人机做直线飞行,从自旋点飞至1号锥桶上方,悬停3s

检查项目	完成情况		
飞行到位	□到位	□小偏差	□大偏差
飞行速度	□合适	□过快	
左右偏移	□无偏移	□小偏移	□大偏移
高度偏移	□无偏移	□小偏移	□大偏移

操作提示:向左小幅度轻推右侧摇杆,使无人机缓慢前进至1号锥桶上方,将摇杆置于中位,无人机悬停3s

五、1号锥桶至2号锥桶直线飞行

无人机做直线飞行,从1号锥桶飞至2号锥桶上方,悬停3s

检查项目	完成情况		
飞行到位	□到位	□小偏差	□大偏差
飞行速度	□合适	□过快	
左右偏移	□无偏移	□小偏移	□大偏移
高度偏移	□无偏移	□小偏移	□大偏移

操作提示:向左小幅度轻推右侧摇杆,使无人机缓慢前进至2号锥桶上方,将摇杆置于中位,无人机悬停3s

六、2号锥桶至3号锥桶直线飞行

无人机做直线飞行,从2号锥桶飞至3号锥桶上方,悬停3s

（续）

检查项目	完成情况		
飞行到位	□到位	□小偏差	□大偏差
飞行速度	□合适	□过快	
左右偏移	□无偏移	□小偏移	□大偏移
高度偏移	□无偏移	□小偏移	□大偏移

操作提示:向下小幅度轻拉右侧摇杆,使无人机缓慢左移至3号锥桶上方,将摇杆置于中位,无人机悬停3s

七、3号锥桶至4号锥桶直线飞行
无人机做直线飞行,从3号锥桶飞至4号锥桶上方,悬停3s

检查项目	完成情况		
飞行到位	□到位	□小偏差	□大偏差
飞行速度	□合适	□过快	
左右偏移	□无偏移	□小偏移	□大偏移
高度偏移	□无偏移	□小偏移	□大偏移

操作提示:向右小幅度轻推右侧摇杆,使无人机缓慢后退至4号锥桶上方,将摇杆置于中位,无人机悬停3s

八、4号锥桶至1号锥桶直线飞行
无人机做直线飞行,从4号锥桶飞至1号锥桶上方,悬停3s

检查项目	完成情况		
飞行到位	□到位	□小偏差	□大偏差
飞行速度	□合适	□过快	
左右偏移	□无偏移	□小偏移	□大偏移
高度偏移	□无偏移	□小偏移	□大偏移

操作提示:向上小幅度轻推右侧摇杆,使无人机缓慢右移至1号锥桶上方,将摇杆置于中位,无人机悬停3s

九、1号锥桶至起飞点斜线飞行
无人机做斜线飞行,从1号锥桶飞至起飞点上方,悬停3s

检查项目	完成情况		
飞行到位	□到位	□小偏差	□大偏差
飞行速度	□合适	□过快	
左右偏移	□无偏移	□小偏移	□大偏移
高度偏移	□无偏移	□小偏移	□大偏移

操作提示:同时向右向下小幅度轻拉右侧摇杆,使无人机缓慢向右后方直线移动至起飞点上方,将摇杆置于中位,无人机悬停3s

十、降落
无人机左旋90°调整至对尾方向,悬停3s;降落在起飞点

检查项目	完成情况		
自旋到位	□到位	□小偏差	□大偏差
操作规范	□规范	□不规范	
降落位置	□到位	□小偏差	□大偏差

（续）

操作提示:向左小幅度轻推左侧摇杆,无人机缓慢沿逆时针方向自旋 90°,完成后将摇杆置于中位,无人机悬停 3s;小幅度缓慢向下轻拉左侧摇杆,无人机下降;无人机下降至 0.5m 的高度,向下轻拉左侧摇杆至最低位,无人机降落至地面直至电动机停转	
训练小结	

任务评价

四旋翼无人机的小航线飞行是无人机基础操控的综合训练，也是检验无人机操控人员操控摇杆熟练程度的方法。通过小航线飞行训练可以巩固无人机操控人员的操控技巧。在完成课堂上的飞行练习后，对照本任务的内容，完成表 5-12 的填写，并进行个人评价分析。

表 5-12 无人机室内小航线飞行训练任务评价

班级			姓名		
评价题项	素养指向	优秀(10分)	良好(6~9分)	一般(0~5分)	得分
查询信息	技能	熟悉无人机相关网站资源的获取与信息查询方式	能够通过百度等搜索网站查询	仅知道相关论坛	
获取资讯途径	技能	熟练通过微博、公众号等多种途径高效搜索资讯	通过无人机论坛了解	仅从搜索网站了解	
对尾小航线飞行	技能	规范准确地完成对尾小航线飞行	能完成对尾小航线飞行,但存在一些不规范、不到位的地方	能完成对尾小航线飞行,但存在很多不规范、不到位的地方	
其他方向小航线飞行	技能	规范且准确地完成其他方向小航线飞行	能完成其他方向小航线飞行,但存在一些不规范、不到位的地方	能完成其他方向小航线飞行,但是存在很多不规范、不到位的地方	
小组合作	合作	小组分工明确,交流充分,合作愉快	小组有分工,但分工不均	每个成员做自己的事,交流少	
自主学习	学习习惯	主动参与操控训练且细心认真	认真训练但不够积极主动	在教师督促下参与训练	
PPT/思维导图总结	知识	知识点总结内容丰富,观点明确	知识点总结图文结合,但缺少观点表达	知识点总结内容简单,仅有图片或少许文字	
学习心得					
教师评价					

拓展任务

完成上述室内小航线飞行练习后，可以进一步尝试对航线方向的小航线飞行，就是飞行过程中无人机机头方向一直朝向航线方向，具体要求如下：

1）无人机飞前检查完毕后在起飞点对尾方向起飞，并上升至 2m 的高度，无人机悬停 3s。

2）旋转无人机至机头朝向自旋位置方向，无人机向前飞行至自旋位置，无人机悬停 3s。

3）旋转无人机至机头朝向 1 号锥桶方向，无人机悬停 3s。

4）无人机向前飞行至 1 号锥桶，无人机悬停 3s。

5）无人机向前飞行至 2 号锥桶，无人机悬停 3s。

6）旋转无人机至机头朝向 3 号锥桶方向，向前飞行至 3 号锥桶，无人机悬停 3s。

7）旋转无人机至机头朝向 4 号锥桶方向，向前飞行至 4 号锥桶，无人机悬停 3s。

8）旋转无人机至机头朝向 1 号锥桶方向，向前飞行至 1 号锥桶，无人机悬停 3s。

9）旋转无人机至机头朝向起飞位置方向，向前飞行至起飞位置，无人机悬停 3s。

10）旋转无人机至对尾方向，悬停 3s 后降落。

项目小结

本项目主要介绍了无人机飞行的基础知识，以及无人机飞行操作的要求和技术要点。在学完本项目内容后，应掌握以下知识和技能。

1）无人机摇杆模式、大疆御 2 PRO 无人机飞行模式和避障感知系统，多旋翼无人机姿态控制原理，无人机飞行操作要点。

2）能规范完成飞前准备、无人机起降与悬停、姿态控制等操作。

3）能规范完成无人机的小航线飞行训练。

项目练习

一、单项选择题

1. 以"日本手"摇杆模式为例，下列无人机起飞操作正确的是（   ）。

A. 快速向上推动右侧摇杆   B. 缓慢向上推动右侧摇杆

C. 缓慢向上推动左侧摇杆   D. 快速向上推动左侧摇杆

2. 以"中国手"摇杆模式为例，（   ）可实现无人机向左横滚飞行。

A. 向右轻推左侧摇杆   B. 向下轻拉左侧摇杆

C. 向左轻推左侧摇杆   D. 向上轻拉左侧摇杆

3. 以"美国手"摇杆模式为例，（   ）可使无人机降落。

A. 向左轻推左侧摇杆   B. 向下轻拉左侧摇杆

C. 向右轻推左侧摇杆   D. 向下轻推右侧摇杆

4. 图 5-35 所示无人机处于水平状态，（   ）能让无人机进行俯仰前进。

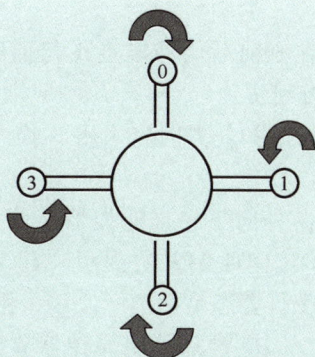

图 5-35　无人机处于水平状态

A. 增大 0 号、1 号电动机转速，减小 2 号、3 号电动机转速

B. 保持 1 号、3 号电动机转速不变，减小 2 号电动机转速，增大 0 号电动机转速

C. 保持 1 号、3 号电动机转速不变，增大 2 号电动机转速，减小 0 号电动机转速

D. 减小 0 号、1 号电动机转速，增大 2 号、3 号电动机转速

5. 图 5-35 所示无人机处于水平状态，（　　）能让无人机进行向右横滚。

A. 增大 0 号、2 号电动机转速，减小 1 号、3 号电动机转速

B. 保持 0 号、2 号电动机转速不变，减小 1 号电动机转速，增大 3 号电动机转速

C. 保持 0 号、2 号电动机转速不变，增大 1 号电动机转速，减小 3 号电动机转速

D. 减小 0 号、2 号电动机转速，增大 1 号、3 号电动机转速

6. 大疆御 2 无人机使用（　　）模式飞行会使用 GPS 模块和前视、后视以及下视视觉系统以实现飞行器精确悬停、稳定飞行、智能飞行功能等。

A. P　　　　　　　B. S　　　　　　　C. T　　　　　　　D. Acro

7. 在大疆御 2 无人机下降过程中，当无人机下降至约（　　）m 的高度时，应轻拉左侧摇杆至最低位，使无人机开始降落。

A. 1　　　　　　　B. 1.2　　　　　　C. 0.5　　　　　　D. 0

8. 在大疆御 2 无人机起飞过程中，当无人机上升至约（　　）m 的高度时应悬停，观察无人机状态。

A. 2　　　　　　　B. 1.2　　　　　　C. 0.5　　　　　　D. 1.5

9. 在无人机操作过程中，操控摇杆要（　　），动幅度要（　　），以避免无人机因速度过快而失去控制。

A. 快，小　　　　B. 快，小　　　　C. 慢，小　　　　D. 慢，大

10. 在操控大疆御 2 无人机的过程中，无人机操控人员应当时刻观察（　　）。

A. 遥控器界面　　B. 无人机　　　　C. 遥控器　　　　D. 辅助标志

二、判断题

1. 大疆御 2 无人机 S 模式（飞行模式）下，无法自行避障，无法智能飞行。（　　）

2. 在无人机起飞过程中，应将无人机上升至 1.2m 的高度悬停并仔细观察，为后续的飞行操控做好准备。（　　）

3. 以"美国手"为例，大疆御 2 无人机向左横滚飞行，应快速大幅度向左推动右侧摇

杆。（　　）

4. 以大疆御 2 无人机为例，在做前后俯仰定点飞行训练时，无人机操控人员应时刻观察图像画面以判断无人机飞行是否到位。（　　）

5. 大疆御 2 无人机在室内执行航拍任务时应采用 P 模式（定位）进行飞行。（　　）

三、填空题

1. 大疆无人机解锁时，同时向外向下轻推遥控器两侧摇杆，俗称_____，使电动机转动，然后立即松开摇杆，此时 DJI GO4 APP 会提示"起飞"。

2. 多旋翼无人机的三个基本飞行姿态是横滚_____、俯仰_____和偏航_____。

3. 在小航线飞行过程中，_____应时刻关注遥控器界面，及时提醒_____无人机有无左右偏移和是否到位情况，以便于_____及时进行调整。

4. 在室内飞行时，因_____、_____、_____，部分功能使用可能受限，因此无人机室内飞行对无人机来说是一个比较危险的操作，尽量避免执行室内飞行任务。

5. 在室内进行小航线飞行时，如果条件允许，请使用（　　）模式飞行，打开（　　）。

四、简答题（含操作题）

1. 简述无人机飞前准备事项。

2. 完成一次无人机组装、起降和整理的过程。

3. 完成一次对头方向下无人机的俯仰定点飞行和横滚定点飞行。

无人机外场飞行训练

项目介绍

无人机外场飞行训练是将训练场地移至室外开阔区域，以便进行大规模场景和航线的飞行练习。由于外场飞行环境较为复杂，干扰因素多，因此只有在熟练掌握无人机室内飞行技巧之后，才能确保飞行安全，并进行外场飞行训练。本项目重点介绍了八面悬停、对尾米字飞行和水平 8 字飞行等综合飞行技术和操控技巧。通过这些训练，旨在帮助无人机操控人员全面提升无人机操控能力、动作稳定性以及应对复杂飞行环境的能力。

任务一　无人机外场八面悬停飞行训练

任务情境

小飞在室内飞行训练中已熟练掌握室内起降、悬停和姿态控制等飞行技巧。当小飞准备进行实战飞行时，听说了一种更具挑战性的飞行技巧——八面悬停，这激发了他的兴趣，决定要掌握这项技能。小飞首先利用互联网查找相关资料，阅读专业书籍和文章，并观看了八面旋停飞行技巧的教学视频。在充分理解无人机八面悬停的原理和操作方法后，小飞开始了针对性的训练。

知识链接

1. 八面悬停

八面悬停是一种无人机飞行技巧，要求无人机在一定高度上，围绕操控人员所面对的方向，均匀地分成 11 个方位，每个方位自旋 360°。具体来说，无人机在起飞后会按照以下八个方位进行悬停（沿逆时针方向）：正前方、左前方 45°、正左方、左后方 135°、正后方、右后方 135°、正右方、右前方 45°。其中，当无人机机头朝向操控人员时，这种悬停方式称为对尾悬停；当无人机机头背向操控人员时，这种悬停方式称为对头悬停。在整个 360°悬停过程中，无人机需要在每个方位上停顿一次，以完成整个八面悬停动作。

2. 姿态控制

在无人机八面悬停训练中，姿态控制至关重要。通过精准操控无人机的垂直和水平移

无人机八面悬停飞行训练

动,可以保持无人机的位置和姿态稳定。同时,通过调整舵面来微调无人机的移动趋势和姿态,实现更精细的控制。

八面悬停训练要求无人机操控人员能够清晰地感知无人机在空中悬停时的航向及转向时的角度变化。无人机操控人员应具备较强的方位转换意识,将操控者在地面的方位感转移到空中飞行的无人机上,以便精准掌握无人机的航向,避免因转向过度而采取紧急制动、修舵纠正等措施,确保操控人员能够平稳地控制无人机的飞行姿态。表 6-1 列出了无人机飞行姿态的控制方法。

表 6-1　无人机飞行姿态的控制方法

序号	遥控器	摇杆操控示意	无人机状态	操控方式
1	左侧油门摇杆		升 降	控制无人机上升与下降。非手动模式下将油门摇杆置于中位可锁定飞行高度
2	左侧方向摇杆		逆 顺	控制无人机尾舵,控制无人机沿顺时针方向或沿逆时针方向旋转
3	右侧俯仰摇杆		前 后	控制无人机向前或向后飞行

（续）

序号	遥控器	摇杆操控示意	无人机状态	操控方式
4	右侧横滚摇杆		左　　右	控制无人机向左或向右飞行

3. 修舵技巧

根据无人机的运动趋势提前做出反应，并通过调整俯仰和横滚来防止无人机发生偏移航线的情况。待无人机稳定后，应缓慢调整航向，改变无人机机头的朝向，同时保持无人机姿态稳定。通过练习修舵技巧，可以逐渐掌握调整无人机的移动趋势和姿态的方法。通过反复练习和思考，可以提高操控无人机的精准度和稳定性，为后续应用场景的实际飞行打下基础。

4. 风向传感器 16 方位图

风向传感器 16 方位图是一种用于测量和表示风向的工具。它将 360°的风向细分为 16 个方位，每个方位对应 22.5°，如图 6-1 所示。这种划分可以帮助人们更准确地理解和预测风向，在气象观测、航空航海等需要精确风向信息的领域尤为重要。在无人机八面悬停训练中，参照 16 方位图可以精确地控制无人机的悬停方向。

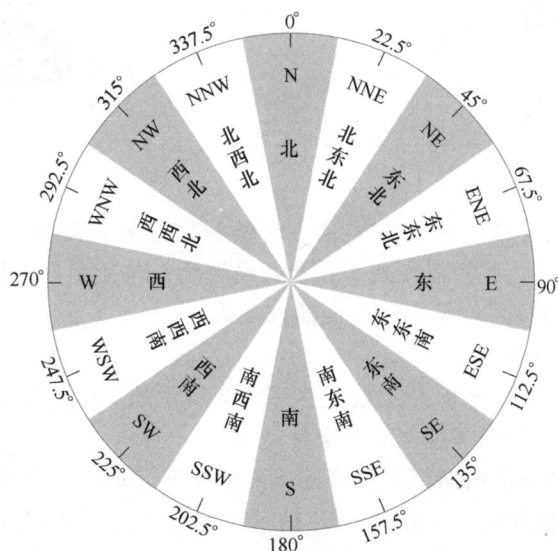

图 6-1　风向传感器 16 方位图

5. 安全作业

八面悬停是一项高难度的无人机飞行技巧，掌握它需要具备扎实的基础和丰富的实践经验。在练习这一技巧的过程中，应始终将安全放在首位，避免因操作不当而引发的意外事故。因此，建议在专业教练的指导下进行训练，以确保训练的效果和安全性。

任务实施

1. 课程调研

1）通过学习上述飞行原理，对单面悬停、四面悬停、八面悬停的概念已经有了初步的了解。

2）通过专业网站搜索无人机悬停及八面悬停的相关视频，结合理论知识，进一步理解八面悬停的操控方法。

3）分析飞行原理和操作方法，为后续练习打下基础。

2. 飞行准备

1）创造安全的训练环境。选择晴朗、少风的日间；选择开阔、平坦的地面；绘制悬停训练所需的练习方框。

2）检查环境是否安全，地面是否平整，场地是否开阔。绘制悬停训练所需训练场地（图6-2），并在场地中心点设置提示锥桶（图6-3）。

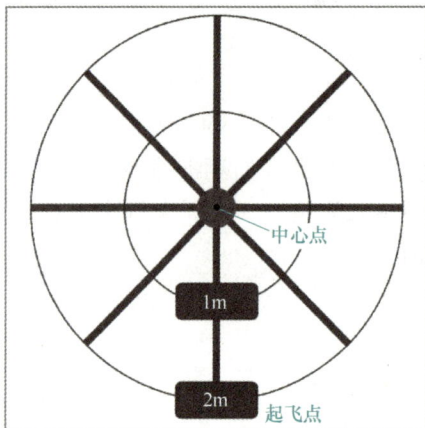

图 6-2　八面悬停场地

图 6-3　提示锥桶

3）检查无人机外观、紧固件、连接线、电量和信号等。设备安全检查包括云台罩拆装、机架安装、电量检查、遥控器安装等；参数设置检查包括无人机状态、摇杆模式、飞行模式、指南针、IMU、避障感知系统和遥控器校准等。

3. 姿态训练——四面悬停

1）将无人机机头对准场地中心点放置在图6-2所示的2m起飞点待飞。检查设备连接情况，观察周围环境，确保训练过程的安全性。

2）准备就绪后，同时向内向下轻拉遥控器两侧摇杆（俗称"内八"）手动起动电动机。电动机起转平稳后立即松开摇杆，此时APP提示"起飞"，左手向上轻推左侧油门杆，无人机起飞。

3）操控无人机飞至场地中心点，对尾悬停在锥桶的上方，控制无人机的飞行高度为

2m，练习中注意控制油门。

4）四面悬停要使无人机分别在0°、90°、180°、270°方向进行悬停。以目前对尾的状态为基准，向右旋转90°，即90°；再向右旋转90°，即180°，继续向右旋转90°，即270°。

5）沿逆时针方向操控无人机完成四个角度的转向，要求转向平稳，角度准确。

6）反复练习后，在无人机平稳悬停的基础上，要求将转向时间控制在一定范围内，尽量做到又快又稳，并填写表6-2。

表6-2　四面悬停训练记录

四面悬停	训练过程		转向是否到位	机身是否倾斜
	沿顺时针方向	45°		
		90°		
		180°		
		270°		
		360°		
	沿逆时针方向	45°		
		90°		
		180°		
		270°		
		360°		
训练总结				

4. 转向训练——八面悬停

1）首先将无人机对尾放置。同时向内向下轻拉遥控器两侧摇杆，当旋翼匀速旋转后，向上缓慢轻推左侧油门摇杆完成无人机起飞操作，并使无人机以对尾方式悬停在图6-2所示中心点上方。

2）完成起飞后使无人机悬停在2m的高度，然后向右轻拉左侧摇杆，调整无人机航向，完成后保持悬停姿态。要求无人机执行八面悬停任务时每转45°，悬停10s，并且确保飞行高度没有明显变化。

3）将无人机沿顺时针方向旋转45°，飞机将以对尾的右前方45°的方位悬停在锥桶上，高度为2m，保持10s。

4）悬停10s后，继续向右旋转45°，保持10s，并准备进行下一步动作，直至动作完成。以此类推，直至无人机沿顺时针方向旋转360°，回到对尾悬停的状态，悬停3s后，无人机降落。当无人机发生漂移时可向相反方向操控摇杆，并且在无人机接近起飞点时再向之前的方向轻推摇杆使其停止。

5）当无人机重新回到对尾状态时，结束一个训练过程。

6）重复以上操作，把沿顺时针方向旋转的八位悬停飞行训练中的悬停时间缩短至1s，其他要不变，并填写表6-3。

表 6-3 八面悬停训练记录

离地高度 2m			转向时长				
			>20s	12s	6s	3s	1s
八面悬停	沿顺时针方向	对尾					
		对尾右前方 45°					
		对右侧					
		对头右后方 45°					
		对头					
		对头左后方 45°					
		对左侧					
		对尾左前方 45°					
		对尾					
	沿逆时针方向	对尾					
		对尾左前方 45°					
		对左侧					
		对头左后方 45°					
		对头					
		对头右后方 45°					
		对右侧					
		对尾右前方 45°					
		对尾					
训练总结							

任务评价

四旋翼无人机的八面悬停是无人机飞行和操控的必备技能，它不仅是对摇杆操控的熟悉过程，也是提高飞行基础操控能力的关键，为后续掌握更加复杂的无人机飞行控制技巧打好基础。在完成课堂上的飞行练习后，对照本任务的内容，完成表 6-4 的填写，并进行个人评价分析。

表 6-4 无人机外场八面悬停飞行训练任务评价

班级				姓名		
评价题项	素养指向	优秀（10分）		良好（6~9分）	一般（0~5分）	得分
查询信息	技能	熟悉无人机相关网站资源的获取与信息查询方式		能够通过百度等搜索网站查询	仅知道相关论坛	
获取资讯途径	技能	熟练通过微博、公众号等途径高效搜索资讯		通过无人机论坛了解	仅从搜索网站了解	

（续）

评价题项	素养指向	优秀(10分)	良好(6~9分)	一般(0~5分)	得分
熟悉飞前准备项目	知识+技能	熟悉飞前准备的各个项目及具体操作步骤	了解飞前准备的各项内容	仅了解飞前准备的部分内容	
熟悉悬停操作	技能	熟练且规范地完成无人机悬停操作	能完成悬停操作,但不够熟练	能完成悬停操作,但不规范	
熟练掌握转向操作	技能	能规范完成转向操作且无偏航情况	能完成转向操作且无偏航情况,但不规范	能完成转向操作,但有偏航情况	
熟悉八面悬停操作	技能	能完成八面悬停操作并无明显高度偏差	能完成八面悬停操作且无明显高度偏差,但操作不规范	能完成八面悬停操作,但有明显高度偏差且操作不规范	
小组合作	合作	小组分工明确,交流充分,合作愉快	小组有分工,但分工不均	每个成员做自己的事,交流少	
自主学习	学习习惯	主动参与操作训练且细心认真	认真训练,但不够积极主动	在教师督促下参与训练	
PPT/思维导图总结	知识	知识点总结内容丰富,观点明确	知识点总结图文结合,但缺少观点表达	知识点总结内容简单,仅有图片或少许文字	
学习心得					
教师评价					

拓展任务

完成无人机360°不间断自旋,具体操作要求如下:先将无人机在2m的高度悬停,然后围绕自身的中心点沿顺时针和逆时针方向分别匀速旋转一周,旋转速度约为90°/s,并实现定点降落。在整个过程中,尽量保持无人机的悬停高度、飞行姿态的稳定性,并确保无人机在每个方位都位于中心点正上方,半径不超过2m。

任务二 无人机外场对尾米字飞行训练

任务情境

小飞在熟练掌握无人机外场飞行八面悬停技巧后,决定挑战更高难度的飞行技巧——对尾米字飞行。这种飞行技巧要求操控者将无人机尾部朝向自己,升空完成悬停,然后把若干位置的悬停慢慢连贯起来,形成一条慢速的"米"字形航线。小飞首先利用互联网查找资料，阅读了有关对尾米字飞行的专业书籍和文章，并观看了教学视频。在充分理解无人机对尾米字飞行的原理和操作方法后，小飞开始实际的飞行训练。

知识链接

1. 对尾米字飞行

以无人机操控人员正前方的起飞点作为原点，在起飞点的周围均匀布置八个点，并将这些点与原点另一侧的对应点相连，形成"米"字形图案。在这些连线上进行飞行训练即米字平移训练。

如图6-4所示，设置起飞点为O点，左右两侧的八个点分别是无人机需要飞行到达的位置，标记为A-A1，B-B1，C-C1，D-D1。在进行对尾米字飞行时，无人机操控人员需要将无人机机尾对准自己，并操控无人机在目视高度内飞行。

2. 无人机平移原理

无人机平移的基本原理是依靠调整四旋翼无人机四个电动机的转速和机身的倾斜角度来实现。当无人机需要向前或向后平移时，它会增大前后方向电动机的转速，减小垂直方向电动机的转速，并倾斜机身，使得产生的气流推动无人机向后或向前移动。同样的，当无人机需要向左或向右平移时，它会增大左右方向电动机的转速，减小垂直方向电动机的转速，并倾斜机身，使得产生的气流推动无人机向左或向右移动。

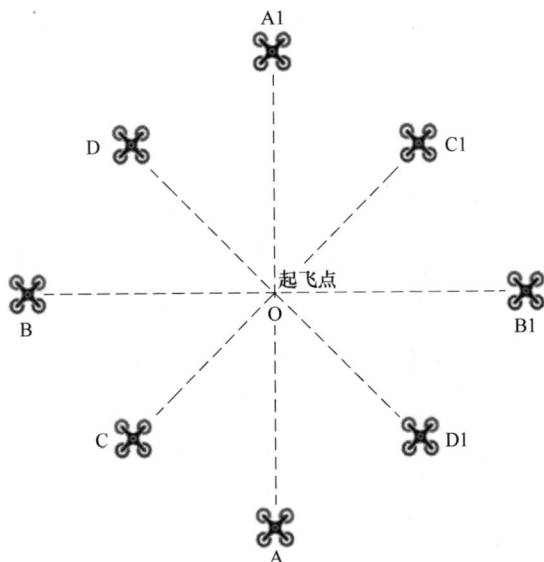

图 6-4 对尾米字平移练习图

在整个平移过程中，无人机的飞行控制系统会根据无人机的姿态和预定的平移速度，自动调整各个电动机的转速和机身的倾斜角度，确保无人机平稳、精准地完成平移动作。

任务实施

1. 课程调研

1）学习上述飞行原理，初步理解对尾米字飞行的概念。

2）通过专业网站搜索无人机飞行技能及对尾米字飞行的相关视频，结合理论知识，进一步理解对尾米字飞行的操控方法。

3）分析飞行原理和操作方法，为后续练习打下基础。

2. 飞行准备

1）创造安全的训练环境。选择晴朗、少风的日间；选择开阔、平坦的地面；绘制对尾米字飞行训练所需的练习方框。

2）检查环境是否安全，地面是否平整，场地是否开阔。参考图6-4和图6-2所示内容绘制训练所需场地图，并在场地中心点设置提示锥桶。

3）调整飞行姿态。在执行对尾米字飞行训练任务时，调整无人机的飞行姿态非常关键。需要将无人机调整到适合进行对尾米字飞行的状态。通常包括调整无人机的尾部方向，确保无人机在飞行过程中可以保持稳定，并处于平稳的飞行姿态，这样才能更有效地执行对尾飞行技巧。

4）检查无人机机身是否存在明显的损伤，所有零部件是否齐全并紧固，无人机机身是否有灰尘、污垢或其他杂物；检查电池的电量是否充足；检查遥控器和接收器的天线是否完好、信号传输是否正常；检查螺旋桨是否有纹裂、破损或严重磨损，安装是否牢固；检查定位是否准确、稳定；检查飞行控制系统的参数设置，测试飞行控制系统的反应速度和稳定性。

3. 米字飞行训练

在确保无人机状态良好和飞行场地安全后，可以开始进行对尾米字飞行训练。在训练开始前，首先需要控制无人机平稳起飞并保持稳定悬停，然后逐步引入对尾米字飞行的元素。

（1）竖向平移：点 O→A→A1→O 的对尾移动训练

1）将无人机放置在平坦开阔的起飞点，即 O 点，同时向内向下轻拉左侧摇杆，待桨叶稳定旋转后，缓慢向上推动油门摇杆，使无人机上升至 2m 的高度悬停，等待下一个飞行指令。

2）飞行的第一段轨迹为 O 点到 A 点。向下轻拉右侧摇杆，并观察无人机与 A 点的距离，直至靠近 A 点时，将右侧摇杆缓慢置于中位，防止因紧急制动而造成飞行姿态倾斜。

3）飞行的第二段轨迹为 A 点到 A1 点。向上轻推右侧俯仰杆，并观察无人机与 A1 点的距离，直至靠近 A1 点时，缓慢将右侧摇杆置于中位，防止因紧急制动而造成飞行姿态倾斜。

4）此时，无人机对尾悬停在 A1 点，保持 5s 后，向下轻拉右侧俯仰摇杆，保持摇杆位移量，直至无人机从 A1 点向 O 点移动，并悬停在 O 点，等待下一个指令。

（2）横向平移：点 O→B→B1→O 的对尾移动训练

1）将无人机置于 O 点上空 2m 的高度悬停 10s，飞行的第一段轨迹为 O 点到 B 点。向左轻推右侧横滚摇杆，保持无人机以均匀且缓慢的速度移动，并观察无人机与 B 点的距离，直至靠近 B 点时，缓慢将右侧摇杆置于中位，防止因紧急制动而造成飞行姿态倾斜。

2）此时，无人机对尾悬停在 B 点，保持 5s 后，向右轻推右侧横滚摇杆，保持摇杆位移量，并观察无人机与 B1 点的距离，直至靠近 B1 点时，缓慢将右侧摇杆置于中位。

3）此时，无人机对尾悬停在 B1 点，保持 5s 后，向左轻推右侧横滚摇杆，保持摇杆位移量，并观察无人机从 B1 点向 O 点移动，直至靠近 O 点时，缓慢将右侧摇杆置于中位，并将无人机悬停在 O 点。

这项训练主要考验无人机操控人员对主要舵面和次要舵面的协调控制能力。如果飞行轨迹不够直，需要通过反复练习提高轨迹的直线度。

（3）斜向平移：点 O→C→C1→O 的对尾移动训练

1）无人机在 O 点悬停 10s，飞行的第一段轨迹为 O 点到 C 点。向下轻拉右侧俯仰摇杆，使无人机向后移动。在无人机向后方移动时，向左轻推右侧横滚摇杆，使无人机向近处移动，并保持飞行高度、控制好飞行速度，协调右侧俯仰摇杆和横滚摇杆，使飞机匀速向 O

点左下方移动。观察无人机与 C 点的距离，直至靠近 C 点时，缓慢将右侧摇杆置于中位，防止因紧急制动而造成飞行姿态倾斜。

2）此时，无人机对尾悬停在 C 点，保持 5s 后，向右轻推右侧横滚摇杆，使无人机向远处移动，同时向上轻推右侧俯仰摇杆，使无人机向前移动。协调右侧俯仰摇杆和横滚摇杆，使无人机匀速向 C 点右上方移动。保持摇杆位移量，并观察无人机与 C1 点的距离，直至靠近 C1 点时，缓慢将右侧摇杆置于中位。

3）此时，无人机对尾悬停在 C1 点，保持 5s 后，向下轻拉右侧俯仰摇杆，使无人机向后移动，同时向左轻推右侧横滚摇杆，使无人机向近处移动。协调右侧俯仰摇杆和横滚摇杆，保持摇杆位移量，并观察无人机与 O 点的距离，直至靠近 O 点时，缓慢将右侧摇杆置于中位，并悬停在 O 点。

（4）斜向平移：点 O→D→D1→O 的对尾移动训练

1）将无人机在 O 点悬停 10s，飞行的第一段轨迹为 O 点到 D 点。向上轻推右侧俯仰摇杆，使无人机向前移动，同时向左轻推右侧横滚摇杆，使无人机向远处移动。协调右侧俯仰摇杆和横滚摇杆，使无人机匀速向 O 点左上方移动。观察无人机与 D 点的距离，直至靠近 D 点时，将缓慢将右侧摇杆置于中位，防止因紧急制动而造成飞行姿态倾斜。

2）此时，无人机对尾悬停在 D 点，保持 5s 后，向右轻推右侧横滚摇杆，使无人机向近处移动，同时向下轻拉右侧俯仰摇杆，使无人机向后运动。协调右侧俯仰摇杆和横滚摇杆，使无人机匀速向 D 点右下方移动。保持摇杆位移量，并观察无人机与 D1 点的距离，直至靠近 D1 点时，缓慢将右侧横滚摇杆置于中位。

3）此时，无人机对尾悬停在 D1 点，保持 5s 后，向上轻推右侧俯仰摇杆，使无人机向前移动，同时，向左轻推右侧横滚摇杆，使无人机向远处移动。协调右侧俯仰摇杆和横滚摇杆，保持摇杆位移量，并观察无人机与 O 点的距离，直至靠近 O 点时，缓慢将右侧横滚摇杆置于中位，并悬停在 O 点。

在飞行过程中要保持轨迹的精准性，这要求横滚摇杆和俯仰摇杆的协调操作须精准无误，同时还要保持飞行高度的一致性，这考验油门舵的快速修正能力。如果没达到这两点要求，需要反复练习这条航迹，并填写表 6-5。

表 6-5　对尾米字航线飞行训练记录

		训练过程	高度准确	是否偏航	偏差方向
对尾米字 飞行训练	竖向平移	点 O→A→A1→O 的对尾移动训练			
	横向平移	点 O→B→B1→O 的对尾移动训练			
	斜向平移	点 O→C→C1→O 的对尾移动训练			
		点 O→D→D1→O 的对尾移动训练			

在无人机对尾米字飞行操作过程中，有以下注意事项：

1）姿态调整。在进行对尾米字飞行时，首先要保持无人机的水平姿态。可以通过控制方向舵和升降舵来实现姿态的微调，确保无人机的飞行状态平稳。

2）飞行速度控制。在对尾米字飞行中，飞行速度的控制非常重要。飞行速度过快会导致无人机失去平衡，飞行速度过慢则会影响无人机飞行的稳定性。因此，在进行对尾米字飞行时，要根据实际情况调整飞行速度，使无人机在适当的速度下平稳飞行。

3）高度控制。在进行对尾米字飞行时，控制好飞行高度也是非常关键的。要根据实际情况调整升降舵，控制无人机的飞行高度。同时，要避免无人机的飞行高度过低，防止发生碰撞或意外情况。

4）风向及风速的影响。在进行对尾米字飞行时，要特别注意风向和风速的影响。风向和风速的变化会对无人机的飞行稳定性产生一定影响，因此需要根据实际情况进行适当的调整。

任务评价

四旋翼无人机的对尾米字飞行技巧是无人机飞行和操控中的一项必备技能，它不仅是对摇杆操控的熟练度的锻炼，也是提高飞行基础操控能力的重要环节，为后续掌握更加复杂的无人机飞行控制技术打下坚实的基础。在完成课堂上的飞行练习后，对照本任务的内容，完成表 6-6 的填写，并进行个人评价分析。

表 6-6　无人机外场对尾米字飞行训练任务评价

班级				姓名		
评价题项	素养指向	优秀（10分）	良好（6~9分）	一般（0~5分）		得分
查询信息	技能	熟悉无人机相关网站资源的获取与信息查询方式	能够通过百度等搜索网站查询	仅知道相关论坛		
获取资讯途径	技能	熟练通过微博、公众号等途径高效搜索资讯	通过无人机论坛了解	仅从搜索网站了解		
熟悉飞行准备项目	知识+技能	熟悉飞行准备的各项内容及具体操作步骤	了解飞行准备的各项内容	仅了解飞行准备的部分内容		
熟悉对尾米字飞行操作	技能	能规范完成对尾米字飞行操作，并无明显线路偏差	能完成对尾米字飞行操作且无明显线路偏差，但操作不规范	能完成对尾米字飞行操作，但有明显线路偏差且操作不规范		
小组合作	合作	小组分工明确，交流充分，合作愉快	小组有分工，但分工不均	每个成员做自己的事，交流少		
自主学习	学习习惯	主动参与操控训练且细心认真	认真训练，但不够积极主动	在教师督促下参与训练		
PPT/思维导图总结	知识	知识点总结内容丰富，观点明确	知识点总结图文结合，但缺少观点表达	知识点总结内容简单，仅有图片或少许文字		
学习心得						
教师评价						

拓展任务

完成图 6-5 所示对尾米字飞行。操控要求如下：

1）选择合适的训练场地。

2）完成 A-A1 段、B-B1 段、C-C1 段、D-D1 段的米字平移操作：A-A1 段是对尾平移，B-B1 段是对左平移（沿逆时针方向在 O 点旋转 90°至左侧位悬停 60s），C-C1 段是对头平移（沿逆时针方向在 O 点旋转至对头悬停 60s），D-D1 段是对右平移（沿逆时针方向在 O 点旋转至右侧位悬停 60s），每段平移都需要经过中心点 O，在每个端点处需要悬停 5s。

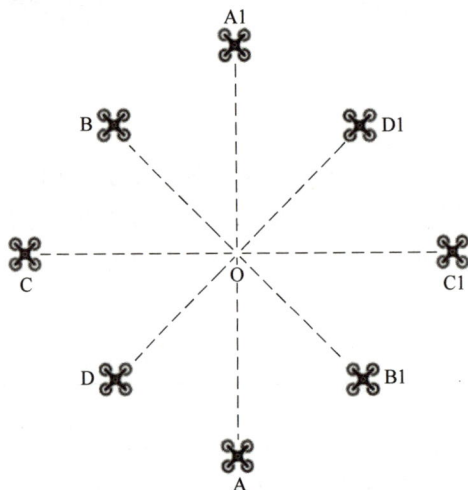

图 6-5 米字平移练习图

任务三 无人机外场水平 8 字飞行训练

任务情境

小飞在熟练掌握无人机外场对尾米字飞行技巧后，决定尝试更高难度的水平 8 字飞行技巧。这种飞行技巧不仅能够展示无人机的灵活性和操控人员的飞行水平，也是无人机操控中的必备技能。小飞首先利用互联网查找相关资料，阅读专业书籍和文章，并观看了水平 8 字飞行技巧的教学视频。在充分理解无人机水平 8 字飞行的原理和操作方法后，小飞开始了实际飞行训练。

知识链接

无人机水平8字飞行训练

1. 水平 8 字飞行的定义

水平 8 字飞行是一种无人机飞行技巧，要求无人机在一定高度上稳定悬停，并按照数字"8"的形状进行水平旋转。这种飞行动作需要无人机操控人员精准协调无人机的飞行角度和速度，以实现精确的飞行轨迹。在进行水平 8 字飞行过程中，无人机操控人员还需要注意无人机与周围环境的安全距离和高度，防止发生飞行事故。

2. 无人机水平 8 字飞行的特点

（1）检测无人机性能和输出能力 无人机水平 8 字飞行可以有效检测无人机的姿态控制能力、性能稳定性和输出能力等。通过这种飞行，可以对无人机进行测试和优化，

确保其在各种飞行条件下都能表现出最佳性能。

（2）应用广泛 水平8字飞行是无人机应用中的一个基础且重要的动作，广泛用于飞行测试、科学研究、安防巡航等领域，具有重要的应用价值。

（3）提高无人机飞行技巧 进行无人机水平8字飞行练习，可以提高无人机操控人员的操控技能和飞行技巧，为执行更复杂的飞行任务和进行科学研究打下了基础，提高无人机在各任务中的适应性。

3. 无人机水平8字飞行的标准

无人机水平8字飞行标准是衡量无人机飞行技术的重要指标之一。它涉及无人机的稳定性、控制性、适航性等关键要素。要达到无人机水平8字飞行的标准，应满足以下技术要求：

1）飞行平稳。在进行水平8字飞行时，应使无人机保持平稳的飞行姿态，避免其出现抖动或晃动等不稳定情况，确保飞行的平稳性。

2）角度准确。在水平8字飞行过程中，应能够准确控制无人机的飞行角度，使其不偏离预定的飞行路径。

3）速度匀速。在进行水平8字飞行时，应使无人机保持匀速飞行，以确保飞行轨迹的连续性与平稳性。

4. 无人机水平8字飞行的技巧

在进行无人机水平8字飞行时，有以下控制技巧：

1）姿态控制。在进行无人机水平8字飞行时，需要协调控制三轴姿态，以保证无人机在飞行中姿态的平衡，避免无人机出现翻转的情况。通过调节无人机的俯仰角、横滚角和航向角，使无人机以准确的姿态飞行。

2）速度控制。在进行无人机水平8字飞行时，需要协调控制飞行速度，以保持"8"字形飞行轨迹的连续性。通过操控遥控器上的俯仰摇杆、横滚摇杆、方向摇杆和油门摇杆等，实现对无人机的速度控制。

3）方向控制。在进行无人机水平8字飞行时，需要协调控制飞行方向，以保持"8"字形飞行轨迹的准确性。通过调节遥控器的俯仰摇杆、横滚摇杆、方向摇杆和油门摇杆等，实现对无人机的转向和方向控制。

任务实施

1. 课程调研

1）通过学习上述飞行原理，对水平8字飞行的概念已经有初步的了解。

2）通过专业网站搜索无人机飞行技能训练及水平8字飞行的相关视频，结合理论知识，进一步理解水平8字飞行的操控方法。

3）分析飞行原理和操作方法，为后续的练习打下基础。

2. 飞行准备

1）创造安全的训练环境。选择晴朗、少风的日间；选择开阔、平坦的地面；绘制水平8字飞行训练所需的练习方框。

2）检查环境是否安全，地面是否平整，场地是否开阔。绘制训练所需场地图，并在场地中心点设置提示锥桶。

3）检查无人机机身是否存在明显的损伤，所有零部件是否齐全并紧固，无人机机身是否有灰尘、污垢或其他杂物；检查电池的电量是否充足；检查遥控器和接收器的天线是否完好、信号传输是否正常；检查螺旋桨是否有纹裂、破损或严重磨损，安装是否牢固；检查定位是否准确、稳定；检查飞行控制系统的参数设置，测试飞行控制系统的反应速度和稳定性。

3. 水平 8 字飞行航线

将无人机对尾悬停于 A 点，可参考表 6-7 所列航线及姿态进行水平 8 字飞行训练。

表 6-7　无人机水平 8 字航线及姿态

航线	无人机姿态	航线	无人机姿态
点 A→B	右对侧	点 A→E	左对侧
点 B→C	对头	点 E→F	对头
点 C→D	左对侧	点 F→G	右对侧
点 D→A	对尾	点 G→A	对尾

4. 水平 8 字飞行训练

采用分段式的练习方法，如图 6-6 所示。

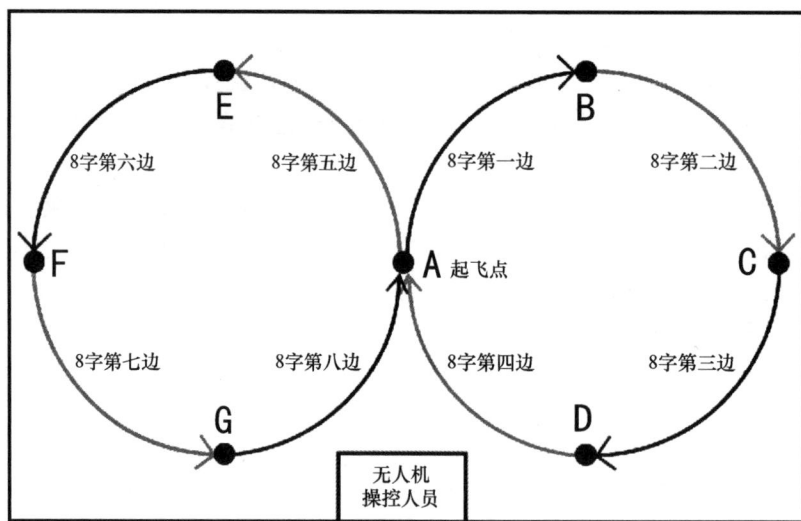

图 6-6　水平 8 字飞行航线

（1）点 A→B 航线训练

1）将无人机放置在平坦开阔的起飞点，即 A 点，调整好姿态，使无人机机头向前，同时向内向下轻拉左侧摇杆，待桨叶稳定旋转后，缓慢向上推动油门摇杆，使无人机上升至 2m 的高度悬停稳定。

2）控制无人机开始进入 8 字第一边航线。从点 A→B 的过程就是对尾旋转至右对侧的过程。向上轻推右侧俯仰摇杆，使无人机匀速缓慢向前移动，同时向右左侧方向摇杆，直至机头向右转过 90°，到达 B 点，悬停 1s。需要注意的是，保持向右轻推左侧方向摇杆的同时，通过推拉右侧俯仰摇杆，稳定无人机的前进速度。若无人机飞行轨迹不够圆润，应改变左侧方向摇杆的位移量，操控右侧横滚摇杆进行修正。若飞行轨迹向内偏离，如图6-7所示，应向左轻推右侧横滚摇杆，将无人机向外拉；若飞行轨迹向外偏离，如图6-8所示，应向右轻推右侧横滚摇杆，将无人机往里拉。

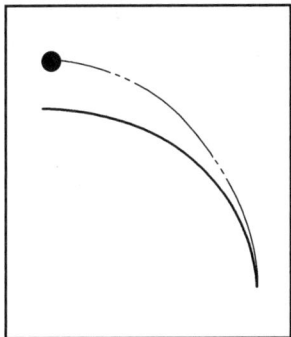

图6-7　方向舵过大偏移轨迹（向内偏离）　　　图6-8　方向舵过小偏移轨迹（向外偏离）

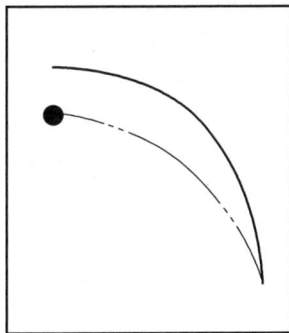

（2）点B→C航线训练　控制无人机开始进入8字第二边航线。从点B→C的过程就是右对侧旋转至对头的过程。向上轻推右侧俯仰摇杆，使无人机匀速缓慢向前移动，同时向右轻推左侧方向摇杆，直至机头向前并到达C点，悬停1s。

（3）点C→D航线训练　控制无人机开始进入8字第三边航线。从点C→D的过程就是对头旋转至左对侧的过程。向上轻推右侧俯仰摇杆，使无人机匀速缓慢向前移动，同时向右轻推左侧方向摇杆，直至机头向左转过90°并到达D点，悬停1s。

（4）点D→A航线训练　控制无人机开始进入8字第四边航线。从点D→A的过程就是左对侧旋转至对尾的过程。向上轻推右侧俯仰摇杆，使无人机匀速缓慢向前移动，同时向右轻推左侧方向摇杆，直至机头向前并回到起飞点，完成水平8字动作右圆部分，悬停1s。

（5）点A→E航线训练　调整并稳定无人机姿态，控制无人机开始进入8字第五边航线（左圆部分）。从点A→E的过程就是对尾旋转至左对侧的过程。向上轻推右侧俯仰摇杆，使无人机匀速缓慢向前移动，同时向左轻推左侧方向摇杆，直至机头向左转过90°，到达E点，悬停1s。需要注意的是，保持向左轻推左侧方向摇杆的同时，通过推拉右侧俯仰摇杆，稳定无人机的前进速度。若无人机飞行轨迹不够圆润，应改变左侧方向摇杆的位移量，操控右侧横滚摇杆进行修正。若飞行轨迹向内偏离，应向右轻推右侧横滚摇杆，将无人机向外拉；若飞行轨迹向外偏离，应向左轻推右侧横滚摇杆，将无人机往里拉。

（6）点E→F航线训练　控制无人机开始进入8字第六边航线。从点E→F的过程就是左对侧旋转至对头的过程。向上轻推右侧俯仰摇杆，使无人机匀速缓慢向前移动，同时向左轻推左侧方向摇杆，直至机头向前并到达F点，悬停1s。

（7）点F→G航线训练　控制无人机开始进入8字第七边航线。从点F→G的过程就是对头旋转至右对侧的过程。向上轻推右侧俯仰摇杆，使无人机匀速缓慢向前移动，同时向左轻推左侧方向摇杆，直至机头向右转过90°并到达G点，悬停1s。

（8）点G→A航线训练　控制无人机开始进入8字第八边航线。从点G→A的过程就是右对侧旋转至对尾的过程。向上轻推右侧俯仰摇杆，使无人机匀速缓慢向前移动，同时向左轻推左侧方向摇杆，直至机头向前并再次回到起飞点，完成水平8字飞行动作。调整无人机姿态，准备降落。

重复上述训练步骤，并填写表6-8。

在进行无人机水平8字飞行训练的过程中，有以下注意事项：

1）控制无人机起飞和降落的动作应柔和平稳。

2）在训练过程中，无人机的飞行高度应在目视高度范围内，无掉高、无飘高。

3）无人机航线准确，在各个航点间飞行时的轨迹应有弧度，不得按直线轨迹飞行。

4）无人机沿航线飞行时的速度应均匀。

5）当无人机在各航点间飞行时，若发生侧滑现象，须通过操控副翼及时纠正。

6）若无人机在飞行过程中出现飞行轨迹偏移的现象，此时无人机操控人员应保持平稳心态，及时操控摇杆修正。

表 6-8　水平 8 字飞行训练记录

	训练航线	高度准确	偏差方向	踩点准确
水平8字飞行训练	点 A→B			
	点 B→C			
	点 C→D			
	点 D→A			
	点 A→E			
	点 E→F			
	点 F→G			
	点 G→A			

任务评价

四旋翼无人机的水平8字飞行技巧是无人机飞行和操控中的一项必备技能，它不仅是对摇杆操控的熟练程度的锻炼，也是提高飞行基础操控能力的重要环节，为后续掌握更加复杂的无人机飞行控制技术打好基础。在完成课堂上的飞行练习后，对照本任务的内容，完成表6-9的填写，并进行个人评价分析。

表 6-9　无人机外场水平 8 字飞行训练任务评价

班级				姓名		
评价题项	素养指向	优秀（10分）	良好（6~9分）		一般（0~5分）	得分
查询信息	技能	熟悉无人机相关网站资源的获取与信息查询方式	能够通过百度等搜索网站查询		仅知道相关论坛	
获取资讯途径	技能	熟练通过微博、公众号等途径高效搜索资讯	通过无人机论坛了解		仅从搜索网站了解	
熟悉飞行准备项目	知识+技能	熟悉飞行准备的各项内容及具体操作步骤	了解飞行准备的各项内容		仅了解飞行准备的部分内容	
熟悉水平8字飞行航线无人机姿态	技能	规范填写水平8字飞行航线无人机姿态表	填写水平8字飞行航线无人机姿态表，但不规范		未填写水平8字飞行航线无人机姿态表	

（续）

评价题项	素养指向	优秀(10分)	良好(6~9分)	一般(0~5分)	得分
熟练掌握水平8字飞行操作	技能	能规范完成水平8字飞行操作且飞行航线踩点准确	能完成水平8字飞行操作且飞行航线踩点准确，但不规范	能完成水平8字飞行操作，但飞行航线踩点不准确	
小组合作	合作	小组分工明确，交流充分，合作愉快	小组有分工，但分工不均	每个成员做自己的事，交流少	
自主学习	学习习惯	主动参与操控训练且细心认真	认真训练，但不够积极主动	在教师督促下参与训练	
PPT/思维导图总结	知识	知识点总结内容丰富，观点明确	知识点总结图文结合，但缺少观点表达	知识点总结内容简单，仅有图片或少许文字	
学习心得					
教师评价					

拓展任务

运用水平8字飞行操作技巧，操控无人机完成图6-9所示飞行轨迹（点 H→B→A→G→F→E→A→D→C→B→E→I）。

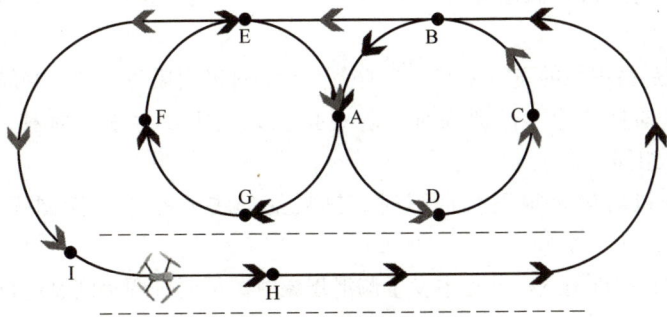

图6-9 飞行轨迹

项目小结

本项目已完成无人机外场飞行训练，增长了操控经验，提高了操控的规范性，又掌握了无人机在外场飞行的安全规范和应急处理措施。任务一八面悬停飞行训练是基于掌握无人机起飞、悬停、转向、降落等基本动作，并着重对转向角度进行精细化控制的训练，通过不断的练习和调整，掌握准确操控无人机转向及修舵技巧；任务二对尾米字飞行训练要求在"米"字航线上始终保持对尾移动，侧重训练无人机航线的控制能力；任务三水平8字飞行训练考验全方位反应能力，在保障飞行高度的前提下，掌控俯仰摇杆、横滚摇杆、方向摇杆，预判无人机在飞行中的姿态变化，保持航向正确。通过本项目练习，我们进一步掌握了无人机外场飞行的技巧，提高了实际应用的能力，为无人机应用打下基础。

项目练习

一、单项选择题

1. 进行八面悬停飞行训练时，无人机机头向前，称为（　　）悬停。

A. 右侧　　　　　　B. 左侧　　　　　　C. 对头　　　　　　D. 对尾

2. 无人机在悬停转向时，操控人员会根据无人机的姿态变化提前做出反应，通过调整（　　）和副翼防止无人机偏移。

A. 方向摇杆　　　B. 俯仰摇杆　　　C. 油门摇杆　　　D. 横滚摇杆

3. 在外场飞行时，建议无论在白天还是夜间，当发动机还在运转时就打开（　　）。

A. 防撞灯　　　　B. 着陆灯　　　　C. 示廓灯　　　　D. 航行灯

4. 在进行无人机对尾米字飞行训练时，以下说法正确的是（　　）。

A. 偏转角度越大，移动速度越快　　　B. 偏转角度越小，移动速度越快

C. 偏转角度与移动速度无关　　　　　D. 偏转角度的增加会使移动速度减慢

5. 在进行无人机对尾米字飞行训练时，为了保持无人机稳定，可（　　）。

A. 将副翼舵始终置于中位

B. 根据需要调整副翼舵的偏转角度，以保持无人机稳定

C. 快速频繁地调整副翼舵的偏转角度

D. 保持不动，无须调整副翼舵，无人机自然会保持稳定

二、判断题

1. 沿顺时针方向进行八面悬停训练时，向右轻推右侧横滚摇杆，无人机就会完成360°旋转。（　　）

2. 为使无人机保持平稳的飞行姿态，应避免因转向过度而紧急制动、修舵纠正。（　　）

3. 在进行无人对尾悬停飞行训练时，若观察到无人机发生水平飘移，修正的方向应与无人机飘移的方向相同。（　　）

4. 在进行无人机对尾米字飞行训练时，副翼舵的主要作用是控制无人机的俯仰动作。（　　）

5. 当无人机在各航点间飞行过程中发生侧滑现象时，可通过调整副翼进行修正。（　　）

三、填空题

1. 八面悬停是指无人机在一定高度上均分_____个方位自旋_____°的分解动作。

2. 无人机八面悬停的两个原则：_____平稳、_____精准。

3. 在进行对尾米字飞行训练时，首先要保持无人机的水平姿态，可以通过控制_____和_____来实现姿态的微调，确保无人机保持平稳的飞行状态。

4. 在无人机沿顺时针方向进行曲线航线飞行中，若飞行轨迹向内偏离，应_____，将无人机向外拉；若飞行轨迹向外偏离，应_____，将无人机往里拉。

5. 在进行无人机水平8字飞行训练时，需要保持匀速的飞行速度，以确保无人机飞行轨迹的_____与_____。

四、简答题与操控题

1. 简述无人机八面悬停训练的飞行技巧。

2. 操控四旋翼无人机沿顺时针方向完成图 6-10 所示曲线飞行。要求学生能够操作无人机从起飞点起飞，飞至①航点后，机身与航迹圆曲线同向，继续沿顺时针方向向前飞行，需保持 2m 的飞行高度，按①→②→③→④→①完成飞行任务后，再飞至返航点降落。飞行过程中，速度保持匀速。注：航线中圆形直径为 6m。

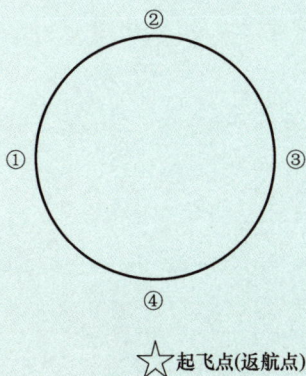

图 6-10　曲线航线

参 考 文 献

［1］ 周竞赛，冯宇. 无人机概论［M］. 北京：清华大学出版社，2021.

［2］ 吴道明，刘霞. 无人机操控技术［M］. 北京：机械工业出版社，2022.

［3］ 杨苡，戴长靖，孙俊田. 无人机操控技术［M］. 北京：机械工业出版社，2020.